Conception de la maquette couverture : Relish Design
Mise en page : Plaines
Imprimerie : Hignell Printing Ltd.

Catalogage avant publication de Bibliothèque et Archives Canada

Gaborieau, Antoine, 1926-
    Le petit Gabi / Antoine Gaborieau.

Comprend des réf. bibliogr.
ISBN 2-89611-031-3

    1. Français (Langue)--Manitoba--Emprunts anglais--
Dictionnaires. 2. Français (Langue)--Emprunts anglais--
Dictionnaires.   3. Anglais(Langue)--Influence sur le français--
Dictionnaires français.   I. Titre.

PC2582.E5G32 2006   442'.42103   C2006-905841-5

Dépôt légal : Bibliothèque nationale du Canada,
Bibliothèque provinciale du Manitoba et
Bibliothèque nationale du Québec.
4e trimestre 2006

Les Éditions des Plaines reconnaissent l'aide financière du
ministère du Patrimoine canadien (PADIÉ et PICLO) et du ministère de la Culture, Patrimoine et Tourisme du Manitoba, pour ses
activités d'édition.

Le Petit Gabi

Dictionnaire des anglicismes
du Canada français

Antoine Gaborieau

Plaines

Aux jeunes qui voudront
perfectionner la douce
langue française.

Y'a des jours de plaine
Où j'entends gémir la langue de ma mère
[...]
J'ai une langue qui danse
Aussi bien que ma mère

Daniel Lavoie

Alphabet phonétique

Voyelles et diphtongues

[a] ami, patte

[ɑ] pâte, pâle

[e] nez, blé, pray (anglais)

[ɛ] fais, less (anglais), lait

[ə] petit, le, above (anglais)

[i] ami, petit

[ĭ] sit, bit (anglais)

[o] tôt, mot, eau

[ɔ] fort, sol

[ø] peu, neufs

[y] rue, bu

[u] boue, choux

[ŭ] hook, cook (anglais)

[ɑ̃] sang, blanc, vent

[ɛ̃] brin, fin, matin

[œ̃] peur, meuble

[œ] lundi, brun

[ɔ̃] on, font

Consonnes

[b] baton, baby (anglais)

[s] sot, sit (anglais)

[d] mendiant, dab (anglais)

[f] fin, found (anglais)

[g] gauche, got (anglais)

[h] hat, reheat (anglais)

[ʒ] je, gilet, change

[ʃ] choux, dish (anglais)

[ɲ] agneau, bagne

[ŋ] camping (anglais)

[k] corde, chord (anglais)

[l] place, little (anglais)

[m] mener, ram (anglais)

[n] bonne, run (anglais)

[p] page, plat

[r] ramer, run (anglais)

[t] tablier, street (anglais)

[v] vin, vine (anglais)

[j] paille, yet (anglais)

[w] oui, won (anglais)

[ɥ] lui, huile

[z] mesure, prize (anglais)

Abréviations

abrév. : abréviation

adj. : adjectif

adv. : adverbe

aux. : auxiliaire

can. : canadianisme

dial. : dialecte

dir. : direct

exclam. : exclamation

fam. : familier

f. : féminin

fig. : figuré

fr. : français

ind. : indirect

inform. : informatique

interj. : interjection

intr. : intransitif

loc. : lucution

m. : masculin

n. : nom

n. p. : nom propre

p. p. : participe passé

p. pr. : participe présent

péj. : péjoratif

pers. : personnel

pl. : pluriel

pop. : populaire

prép. : préposition

pron. : pronominal

st. : standard

tr. : transitif

v. : verbe

vulg. : vulgaire

vx : vieux

☞ : français standard identifié par l'italique.
© : mot ou locution à conserver
® : marque déposée

Avant-propos

On reproche encore parfois à notre parler canadien-français d'être teinté de vieux français, de dialectes et de canadianismes. Ainsi, nous parlons de *tuques*, d'un travail *crevant*, de commettre une *trompe*, du vent *cru*, de la *ouette*, de chemins *impassables*, de *sucre à la crème*, de *tourtières*, de *bancs de neige* suite à une tempête, de *bleuets* et de *poirettes*. Selon les circonstances dans lesquelles ces expressions sont employées, les reproches qu'on nous fait sont parfois injustifiés, puisque ce parler fait partie de notre héritage culturel français et québécois; dans certains cas il exprime une réalité qui est propre à l'Ouest canadien telle que *doucine* ou *poirette*.

Mais, ne nous le cachons pas, là où notre langue est la plus menacée, surtout chez la génération montante, c'est par l'emprunt injustifié de l'anglais, qui se prolonge à l'occasion dans l'accent anglicisé avec lequel on s'exprime. Cet accent est tellement répandu que plusieurs enseignants de nos écoles françaises n'en sont plus conscients. Cela nous révèle le degré des ravages de l'assimilation. Cet accent est lourd de conséquences : il témoigne du fait que notre langue maternelle n'est plus le français.

Nous ne pouvons demeurer attachés à une langue dont nous ne pouvons plus apprécier la richesse et la beauté. Il y a eu une émission spéciale à la radio où l'on entendait un groupe d'élèves du secondaire d'une école française et un autre d'une école d'immersion exprimer leurs opinions quant à la valeur de la langue française dans le monde d'aujourd'hui, ainsi que leur degré d'attachement envers elle. Suite à cette émission, commentant la qualité du français entendu sur les ondes, un auditeur s'est permis d'affirmer avec inquiétude : « Si ce que nous venons d'entendre représente la qualité de français chez les jeunes d'aujourd'hui, nous sommes aussi bien de rendre les armes ».

Dans une certaine mesure, je suis d'accord avec cet auditeur. Il est difficile de croire que des jeunes terminant leur secondaire, soit après onze ou douze ans d'études en français, puissent trouver valeur à une langue dans laquelle ils éprouvent tant de difficulté à bien s'exprimer. Encore moins à y être attachés alors qu'ils semblent tant ignorer les qualités qui donnent à cette langue toute sa richesse. Qu'il s'agisse d'articulation, de pronon-ciation, de débit, d'accent (non défini ici comme prononciation portant sur la norme), et de vocabu-laire, la langue française, finement ciselée au cours des siècles, est un chef d'œuvre d'art et un précieux outil de communication. Elle ne peut être appré-ciée par une bouche molle, une prononciation périlleuse, un débit lent et hésitant, un accent étranger et un vocabulaire… inculte.

Pour assurer chez nos jeunes l'amour et l'attachement à la langue française, et ensuite stimuler la motivation de la bien parler, les parents et les enseignants doivent d'abord améliorer les écarts de langue qu'ils commettent eux-mêmes. Il nous faut tout d'abord donner l'exemple et fournir ensuite cet encouragement que peut apporter l'écoute de la télévision, de la radio et des modèles langagiers qu'ils voudront imiter dans des domaines tels que le théâtre, la lecture et la chanson.

Dans le présent ouvrage, je m'en tiens à relever les anglicismes qui pullulent dans notre parler, à tel point que nous n'employons presque aucune phrase qui ne soit farcie de ces expressions étrangères à notre patrimoine culturel.

Par anglicismes, entendons toute expression, mot et construction qui empruntent injustement à la langue anglaise, lorsque le français possède un équivalent. Ainsi, s'il est tout à fait correct de parler de *curling*, de *hockey* et de *muffins* qui sont de création anglaise, il est tout à fait injustifié de *casher un check*, de nous rendre à une convention par *charter*, de répondre à un *challenge* ou encore *d'avoir eu un bon timing*, alors que nous pouvons tout aussi bien *encaisser un chèque, prendre un vol nolisé*, répondre à un *défi* ou de *n'avoir pu mieux tomber*.

Soyons clairs. Tout anglicisme est à rejeter. Il est vrai que nous avons quantité d'excuses pour emprunter ces expressions étrangères. Certains termes français eux-mêmes, lorsque nous les connaissons, nous semblent souvent si étranges, si rébarbatifs, que nous éprouvons de la gêne à les employer. Comment apprivoiser le *colibri* alors que le *humming bird* nous est si bien connu. APPRIVOISER, voilà le secret. Rendre familier le colibri. Après quelques efforts, nous le verrons chanter tout aussi bien que son équivalent anglais. Apprivoisons les termes français, mêmes les plus revêches. Nous apprendrons à les apprécier, à les aimer. *L'œillet d'amour* nous deviendra aussi délicat que *le baby's breath*. La *camionnette* fonctionnera aussi bien que le *van*. Les *côtelettes de porc* seront aussi délicieuses que les *pork chops*. Le *fixateur* tiendra tout aussi bien les cheveux que le *spray*.

Il faut noter que nos anglicismes ne sont pas toujours ceux du Québec ou de la France, sans compter qu'ils sont ici beaucoup plus nombreux. Les documents et les livres cités dans la bibliographie m'ont aidé à trouver l'équivalence française pour certaines expressions anglaises, et à ajouter certains termes que nous employons, mais qui avaient pu m'échapper dans mes ouvrages précédents. Ce faisant, je me suis interdit d'inclure des anglicismes non employés chez nous. Ainsi, *Le Colpron* relève nombre d'anglicismes que nous utilisons rarement. Quelques exemples : « cette personne est un cas », « casser une automobile », « avoir plusieurs chapeaux », « avoir une mentalité cheap », « chopper de la viande » et j'en passe.

En consultant certains dictionnaires, je devais également rejeter certaines expressions qui, sauf erreur, nous sont données comme anglicismes, mais qui appartiennent en fait au français standard. Ainsi *Le Colpron* identifie les expressions suivantes comme anglicismes : *abus sexuel, alligator, balance d'un compte, condos, détective, détour, compensation, cour suprême, rayon x*. Bergeron donnera les expressions suivantes comme québécoises, alors qu'elles appartiennent bien au français standard : *appendicite, bobine, avoir chaud, pompette*, etc.

Par contre, combien d'anglicismes employés dans nos contrées [serait-ce qu'ils nous sont particuliers?] ne se retrouvent pas dans les ouvrages consultés. Quelques exemples : *canal de télé, camp [pour bûcherons], calculateur, café instan-*

*tané, briser un record, un bon trois heures, billion
[milliard], bénéfices de maladie, batterie [pile], ban-
queroute [faillite], balan, crinque, croche [malhon-
nête]* et *crowbar.*

Ces exemples illustrent d'une part la néces-
sité que j'ai eue de consulter des ouvrages portant
sur la langue, et d'autre part de prévenir le lecteur
de se méfier d'ouvrages de références qui peuvent,
comme nous tous, commettre des erreurs. Je
voudrais qu'ainsi le lecteur puisse plus facilement
me pardonner les miennes. Je n'en dois pas moins
dire toute ma reconnaissance aux auteurs de ces
ouvrages consultés.

Pour éviter d'éventuelles confusions, j'ai
cru bon employer ici et là l'alphabet international.
Il s'agit alors surtout d'anglicismes prononcés à
l'anglaise, soit totalement, soit en partie, ou encore
qui se sont francisés, ou enfin, qui ont une tout
autre prononciation et signification en anglais
qu'en français. Comme exemple, le mot *ride* peut
porter à confusion. S'agit-il d'une promenade,
d'une occasion, ou bien de petits sillons qui vien-
nent marquer notre âge? Tout dépend si le *i* est
prononcé à l'anglaise ou à la française.

Cela étant dit, je vous souhaite une riche
aventure au pays d'une langue belle et fière.

Antoine Gaborieau

A

abnormal[e] adj. C'est un garçon abnormal. Il n'a que six ans et il lit déjà Molière. ☞ C'est un garçon *anormal*.

abortion n. f. ☞ *Avortement*.

absent-minded adj. Mon amie est tellement absent-minded qu'elle cherche ses lunettes alors qu'elle les a sur le nez. ☞ tellement *distraite...*

acception n. f. Notre proposition a reçu l'acception de l'assemblée. ☞ *acceptation, approbation*.

accountable adj. Nous ne devons pas blâmer les autres. Nous sommes accountable de nos actions. ☞ Nous sommes *responsables* de nos actions.

acompte n. m. Il est tellement riche qu'il a un acompte dans trois différentes banques. ☞ un *compte* dans... [le fr. st. accepte : Verser un *acompte* sur la dette que nous avons contractée.]

acquis [**prendre pour**] loc. Prendre pour acquis que nous ne devons rien à nos parents. ☞ *Tenir* pour acquis...

Acropolis n. p. L'Acropolis est un précieux monument de l'antiquité. ☞ L'*Acropole*...

acte [de Dieu] n. m. Les tornades sont des actes de Dieu. ☞ sont des *désastres naturels.*

acter v. intr. Il a déjà acté dans *Les fourberies de Scapin.* ☞ Il a déjà *joué* dans...

actuel adj. Le prix actuel de la maison que je désire acheter est de 400 000 $, mais je peux l'avoir pour 350 000 $. ☞ Le prix *réel, exact*... [le fr. st. accepte : le monde *actuel* = contemporain, à l'heure *actuelle* = présente.]

actuellement adv. Actuellement, je crois que c'est un menteur. ☞ *À vrai dire*, je crois... [le fr. st. accepte : Il est *actuellement* en Australie.]

adapteur n. m. Si tu veux te servir de ton rasoir électrique lorsque tu te rendras en France, assure-toi d'acheter un adapteur. ☞ assure-toi d'acheter un *adaptateur*, un *transformateur.*

addicté[e] adj. **1.** C'est triste, mais ce jeune garçon est addicté aux drogues. ☞ est *un toxicomane.* **2.** J'ai été addicté au tabac pendant 50 ans. ☞ J'ai été *un fumeur invétéré*... **3.** Je suis addicté au chocolat. ☞ Je suis un *accro* du chocolat.

additionnel adj. Des heures de travail additionnelles. ☞ *supplémentaires.*

admettable adj. Ce n'est pas admettable d'être candidat à la présidence lorsqu'on ne sait même pas lire. ☞ Ce n'est pas *admissible*, C'est *inadmissible*...

admettre v. tr. Il ne faut pas admettre les enfants à ce film. ☞ L'entrée à ce film *doit être interdite* aux enfants. [le fr. st. accepte : *Admettre* quelqu'un à sa table, *admettre* qu'on a eu tort.]

admiral n. m. Il est admiral dans la marine. ☞ Il est *amiral*...

admission n. f. L'admission est gratuite. ☞ L'*entrée* est gratuite. [le fr. st. accepte : l'*admission* d'une erreur, l'*admission* à cette école est réservée aux élèves de 12 ans et plus.]

adresse n. f. C'est lui qui a donné l'adresse lors de la fête. ☞ qui *a prononcé le discours*... [le fr. st. accepte : Donnez-moi votre nom et votre *adresse*.]

adresser v. tr. **1.** Le gouvernement devra adresser le problème de la pollution. ☞ devra *aborder* le problème... **2.** Il a su adresser la foule avec grand calme. ☞ v. pron. *S'adresser à* la foule. [le fr. st. accepte : *adresser* une lettre, *s'adresser* à la foule.]

advertizing n. m. Si tu veux vendre tes produits, tu dois faire de l'advertizing. ☞ faire de *la publicité*.

aerial n. m. L'aerial de la télévision est brisé. ☞ L'*antenne* de la télévision est brisée.

aérobic n. f. Pour s'initier à la danse synchronisée, il faut faire de l'aérobic. ☞ il faut faire de la *danse aérobique*.

affaire **1.** n. f. Il a eu une affaire avec cette femme. ☞ Il a eu une *liaison*, une *aventure*... **2.** loc. J'ai affaire à aller en ville. ☞ *Je dois me rendre* en ville. **3.** loc. Je suis allé en ville par affaires. ☞ Je suis allé en ville *pour* affaires. **4.** loc. Il n'a pas d'affaires à s'en mêler. ☞ Il n'a pas à s'en *mêler*. [le fr. st. accepte : C'est mon *affaire* et non la vôtre, Connaissez-vous l'*affaire* Dreyfus?, les *affaires* municipales.]

affecter v. tr. **1.** Les médias affectent notre façon de voir les choses. ☞ Les médias *influencent...* **2.** Nous avons été affectés par le courage des jeunes soldats. ☞ été *touchés...* **3.** Ce que notre voisin fait ne nous affecte pas. ☞ ne nous *concerne* pas. [le fr. st. accepte : Les subventions *affectées* à ce projet sont monstrueuses = destinées... La veuve *affecte* une grande tristesse, mais ne regrette pas la mort de son mari. = affiche, feint...]

affordable adj. C'est une dépense pas affordable. ☞ C'est une dépense *non abordable.*

afforder v. tr. Comment afforder d'aller en voyage lorsqu'on a si peu d'argent. ☞ Comment *se permettre* d'aller en voyage...

à finir loc. C'est une lutte à finir entre les deux. ☞ C'est une lutte à *mort...*

âge d'or n. m. Mon oncle est rendu à l'âge d'or. ☞ Mon oncle est *une personne âgée* ou Mon oncle est *âgé.* [le fr. st. accepte : *âge d'or* = âge prospère, âge favorable.]

agenda [aʒɑ̃da] n. m. Nous avons tout un agenda pour la prochaine réunion. ☞ tout un *ordre du jour...* [le fr. st. accepte : Noter dans l'*agenda* ce que l'on doit faire au cours des mois.] *Agenda* se prononce [aʒɛ̃da].

agent de station n. f. À chaque village desservi par le chemin de fer, nous avions un agent de station. ☞ un *chef de gare.*

AIDS [acronyme pour : **Acquired Immune Deficiency Syndrome**] n. m. ☞ *SIDA* [acronyme pour : **Syndrome d'Immuno Déficience Acquise**].

air bag n. m. Lors de son accident, les air bags de sa voiture se sont gonflés. ☞ les *coussins de sécurité*...

air brake n. m. ☞ *Frein de sécurité.*

air conditioner n. m. Dans les grandes chaleurs estivales, il fait bon avoir un air conditioner. ☞ un *climatiseur.*

air conditioning n. m. L'air conditioning / conditionné est très populaire aujourd'hui. ☞ L'air *climatisé*...

aircraft carrier n. m. La marine américaine possède des aircraft carriers pour les combats aériens. ☞ des *porte-avions*...

airduct n. m. Une odeur terrible provenant de l'usine de culture de champignons nous arrivent par les airducts. ☞ les *conduits d'aération.*

air express n. m. Envoyer un paquet par air express. ☞ par *cargo aérien.*

airfoam n. m. ☞ *Caoutchouc mousse.*

air force n. f. ☞ *Armée de l'air.*

airport [ɛr pɔt] n. m. L'airport Charles-de-Gaulle est tout près de Paris. ☞ L'*aéroport*...

aisé [**prendre ça**] loc. Il a un emploi, mais il prend ça aisé. ☞ mais il *se la coule douce.*

ajustable adj. **1.** Sièges ajustables d'une voiture. ☞ Sièges *réglables*... **2.** Un budget ajustable. ☞ Un budget *flexible.* **3.** Une jupe ajustable. ☞ Une jupe *modelable, adaptable.*

ajuster[**s'**] **1.** v. pron. Il a su s'ajuster à son nouveau métier. ☞ Il a su *s'adapter*... **2.** v. tr. Pourriez-vous ajuster mon costume? ☞ *réajuster, retoucher* mon costume?

ajusteur n. m. Après l'inondation, un ajusteur est venu estimer les dommages. ☞ Après l'inondation, un *évaluateur* est venu estimer les dommages.

alcohol [alkohɔl] n. m. ☞ *Alcool* [alkɔl].

alignement n. m. Un mauvais alignement des roues peut endommager les pneus de la voiture. ☞ Un mauvais *réglage du parallélisme des roues..., réglage du train avant...*

allouer v. tr. La compagnie d'aviation ne va pas t'allouer de monter à bord si tu es enceinte de plus de 36 semaines. ☞ *te permettre, t'accorder le droit...*

allowance n. f. Ses parents ne lui accordent qu'une mince allowance. ☞ qu'un *peu d'argent de poche.*

allspice n. m. Le allspice fournit un assaisonnement rappelant le mélange de poivre, de clou de girofle, de muscade et de gingembre. ☞ Le *quatre-épices...*

all right adj. **1.** Il aime jouer des tours mais il est all right. ☞ il est *bien.* **2.** Je suis allright. ☞ *Ça va.* **3.** Avez-vous aimé le repas? Il était all right. ☞ Il *n'était pas mal.* **4.** Il m'a joué un tour, mais c'est all right. ☞ *ce n'est pas grave.* **5.** Tu veux que j'aille avec toi? All right! ☞ *D'accord!, D'ac!* [fam.], *Ça va!, Entendu!*

almond n. f. Garnir ses céréales du matin avec des almonds. ☞ avec des *amandes.*

alternatives n. f. pl. Quelles sont les alternatives pour résoudre ce problème? ☞ Quelles sont les *options...* [le fr. st. accepte : L'*alternative*, c'est de déclarer faillite. *Alternative* ne s'emploie qu'au singulier.]

alt key [inform.] n. ☞ *Touche alternative.* [Permet d'accéder à des caractères spéciaux lorsqu'elle est enfoncée en même temps qu'une autre touche. Ex. Alt + C = Coller.]

aluminum n. m. ☞ *Aluminium.*

ambush n. m. Quatre soldats canadiens sont morts dans un ambush en Afganistan. ☞ dans une *embuscade...*

amicablement adv. Ils se sont quittés amicablement. ☞ *amicalement.*

à mi-mât loc. Le drapeau est à mi-mât en signe de deuil. ☞ Le drapeau est en *berne...*

ammunition n. f. Les soldats n'ont plus d'ammunition. ☞ de *munitions.*

amonia n. f. Désinfecter avec de l'amonia. ☞ avec de l'*ammoniac.* m.

amour [**tomber en**] loc. Il est tombé en amour avec Thérèse. ☞ Il est tombé *amoureux de...*

amplifier [amplifajər] n. m. L'amplifier nous permet de mieux entendre. ☞ L'*amplificateur...*

anchorman n. m. L'anchorman du poste de radio a été congédié. ☞ *Le chef d'antenne* ©, *Le présentateur vedette, L'animateur...*

aneurisme n. m. Elle a eu un aneurisme au cerveau. ☞ un *anévrisme...*

angiogram n. f. Le médecin lui a pratiqué une angiogram pour vérifier la condition de ses artères. ☞ une *angiographie...*

année académique n. f. L'année académique va de septembre à avril. ☞ L'année *scolaire,* L'année *universitaire...*

annexation n. f. L'annexation des deux écoles. ☞ *L'annexion...*

annuity n. f. Son annuity lui assure une belle vieillesse. ☞ *Sa rente viagère...*

annulement n. m. Les annulements de mariage ne sont pas rares aujourd'hui. ☞ Les *annulations* de mariage... f.

anonymité n. m. Il a voulu garder l'anonymité. ☞ l'*anonymat*.

answering machine [téléphone] n. m. Si ça continue, toutes communications se feront par les answering machines. ☞ les *répondeurs* [téléphoniques].

antagoniser v. tr. Ce professeur cherche à antagoniser les étudiants. ☞ à *contrarier*, à *se mettre à dos* les étudiants.

anticiper v. tr. Il faut savoir anticiper les obstacles. ☞ Il faut savoir *prévoir*...

antifrise n. m. En hiver notre voiture a besoin d'antifrise pour bien fonctionner. ☞ a besoin d'*antigel*…

anxieux[euse] adj. Il est anxieux de partir en voyage. ☞ Il a *hâte*... [le fr. st. accepte : La maladie de sa femme le rendait anxieux. = angoissé.]

anyway adv. Je ne sais pas ce qui est arrivé. Anyway, quand je me suis réveillé il était parti. ☞ *En tout cas, De toute façon*...

apartment building n. m. Demeurer dans un apartment building. ☞ un *immeuble d'appartements*, une *tour d'habitation* f.

appartement n. m. abrév. Apt. ☞ *App*.

appartement fourni n. m. ☞ Appartement *meublé*.

appeler v. tr. Le président a appelé une réunion. ☞ a *convoqué* une réunion.

appetizer n. m. ☞ *Amuse-gueule*.

apple crisp n. m. ☞ *Croustillant aux pommes*.

apple turnover n. m. Servir des apple turnovers au dessert. ☞ des *chaussons aux pommes*...

application n. f. Il a fait une application pour un emploi. ☞ Il a fait une *demande d'emploi.*

appliquer v. intr. Les étudiants doivent appliquer pour un emploi. ☞ doivent *faire une demande d'emploi.*

appointement n. m. **1.** Pour voir le médecin, il faut avoir un appointement. ☞ avoir un *rendez-vous.* **2.** Après les élections, nous devons procéder à l'appointement de trois scrutateurs. ☞ à la *sélection*, à la *nomination.* [le fr. st. accepte : Il touche des *appointements* exorbitants. = un salaire exorbitant.]

appointer v. tr. Il faut appointer un président. ☞ Il faut *nommer* un président. [le fr. st. accepte : *Appointer* un employé. = rétribuer, payer...]

apprécier v. tr. Nous avons beaucoup apprécié cette pièce de théâtre. ☞ Nous avons beaucoup *aimé...* [le fr. st. accepte : Le conservateur du musée est venu *apprécier* le tableau afin que nous sachions ce qu'il valait. = estimer la valeur.]

approcher v. tr. On l'a approché pour voir s'il accepterait la candidature. ☞ On l'a *pressenti...*

apricot n. m. Est-il meilleur petit déjeuner que le bon pain français accompagné de confiture aux apricots? ☞ aux *abricots?*

arborite ® n. m. Ils se sont servis d'arborite pour recouvrir les meubles. ☞ de *lamelles décoratives*, de *stratifiés...*

arctic char n. m. L'arctic char est un poisson délicieux. ☞ L'*omble de l'Arctique...*

arène n. f. Il y a maintenant une arène pour le hockey. ☞ un *centre sportif, un aréna* ©...

argent n. m. **1.** Les argents dépensées ont été énormes. ☞ Les *subventions*, Les *sommes d'argent*, L'*argent* a été énorme. [*argent* est masculin et ne se met pas au pluriel] **2.** Son nouvel emploi lui apporte de la grosse argent. ☞ apporte *beaucoup* d'argent.

argument n. m. Ils ont eu un argument et maintenant ils ne se parlent plus. ☞ Ils ont eu *une dispute…* [le fr. st. accepte : Avancer des *arguments* solides à l'appui de la proposition ou Apporter des *arguments* à l'appui d'une thèse.]

arranger v. tr. Arranger un taureau. ☞ *Châtrer* un taureau [rendre impropre à la reproduction].

arrêter v. tr. Arrêter l'école. ☞ *Quitter, Cesser d'aller à, Abandonner* l'école.

arsoniste n. On a découvert les arsonistes. ☞ les *pyromanes* [ceux qui aiment jouer avec le feu], les *incendiaires* [ceux qui mettent le feu].

ashtray n. m. Déposer les cendres dans l'ashtray. ☞ dans *le cendrier*.

assault [**and battery**] loc. Être accusé / victime d'assault et battery. ☞ Être accusé / victime *de voie de fait, de coups et blessures*.

assessement n. m. L'assessement d'une maison. ☞ L'*estimation* d'une maison.

assesser v. tr. Assesser les dommages. ☞ *Évaluer, Estimer…*

assistant directeur n. m. ☞ Directeur *adjoint*.

assurance [**no fault**] loc. ☞ Assurance automobile à *remboursement automatique, sans responsabilité*.

attaque de cœur [ou autre organe] n. f. ☞ *Crise cardiaque*, [ou *crise*].

attendre 1. v. tr. Attendre après son ami. ☞ *Attendre* son ami. 2. v. tr. Je m'attends qu'il soit sage. ☞ Je m'attends *à ce* qu'il soit sage.

attention [**payer**] loc. Je vous demande de payer attention. ☞ de *faire* attention, de *porter* attention.

audience n. f. ou m. L'audience a applaudi les artistes. ☞ L'*auditoire*... [le fr. st. accepte : Avoir une *audience* avec le président.]

auger [ɔ g ə r] n. m. 1. Nous nous servons du auger pour engranger le blé. ☞ Nous nous servons *de la tarière*... 2. On se sert d'un auger pour briser la pierre. ☞ On se sert d'*une foreuse*…

avantage [**prendre avantage de**] loc. Il a pris avantage de son poste. ☞ Il a *profité* de son poste. Il *s'est prévalu* de son poste.

average n. m. Récolter un average de vingt minots à l'acre. ☞ Récolter *une moyenne* de vingt minots à l'acre.

averager [a v ə r ə d z e] v. tr. Nous avons averagé vingt minots à l'acre. ☞ Nous avons *eu une moyenne de* vingt minots à l'acre.

aviser v. tr. 1. Je l'ai avisé de ne pas agir ainsi. ☞ Je *lui* ai *conseillé* de... 2. Je l'ai avisé de mon départ. ☞ Je l'ai *informé*...

aviseur n. m. Consulter son aviseur. ☞ Consulter son *conseiller*.

avocado [fruit] n. m. ☞ *Avocat*.

avoir aux. Au Canada français, nous avons tendance à employer l'auxiliaire *avoir* là il faudrait employer l'auxiliaire *être*. La règle est la suivante : Nous devons employer le pronom réfléchi ou encore la forme pronominale lorsque l'action porte sur le sujet, les pronoms employés faisant alors fonction de possessifs. Exemples : J'ai lavé mes mains. ☞ *Je me suis* lavé *les* mains. Ils ont sali leurs visages. ☞ Ils *se sont* sali *le* visage. Il en est ainsi même lorsqu'il n'y a pas d'adjectif possessif. Exemples : Je m'ai caché. ☞ Je me *suis* caché. Tu t'ai promené. ☞ Tu t'*es* promené. Je m'ai souvenu de l'histoire. ☞ Je me *suis* souvenu de l'histoire. Nous nous avons trompés. ☞ Nous nous *sommes* trompés. Il s'a blessé. ☞ Il s'*est* blessé. Il a mal à son dos. ☞ Il a mal *au dos* [comment pourrions-nous avoir mal au dos de quelqu'un d'autre?]. D'autres verbes enfin prennent l'auxiliaire *être*, même s'ils n'emploient pas la forme pronominale, parce que le verbe par lui-même indique que l'action se porte sur le sujet : J'ai arrivé en retard. ☞ Je *suis* arrivé en retard. Il a parti de bonne heure. ☞ Il *est* parti de bonne heure.

award n. m. Recevoir un award. ☞ Recevoir un *prix, une récompense, une décoration.*

awning n. m. Installer des awnings pour protéger du soleil l'intérieur de la maison. ☞ Installer des *auvents...*

B

baby carriage n. m. Promener un enfant en baby carriage. ☞ en *poussette* f.

babysitter n. ☞ *Gardien(ienne) d'enfants.*

bachelor n. m. Vouloir épouser un riche bachelor. ☞ Vouloir épouser un riche *célibataire.*

bachelor apartment n. m. Demeurer dans un bachelor apartment. ☞ Demeurer dans un *studio.*

bachelor suite n. m. Demeurer dans un bachelor suite. ☞ Demeurer dans une *garçonnière.*

back and forth loc. Il conduit la voiture back and forth entre Saint-Boniface et Winnipeg. ☞ Il *fait la navette en* voiture entre...

backbone n. m. [sens figuré] On lui marche sur le dos. Il n'a pas de backbone. ☞ *d'épine dorsale.* f.

back burner n. m. Il va falloir mettre nos plans de construction sur le back burner. ☞ mettre nos plans de construction *en veilleuse.*

backer [bakər] n. m. Avoir besoin d'un backer pour faire un emprunt. ☞ Avoir besoin d'un *endosseur, avaliseur, avaliste...*

backer [bake] v. tr. **1.** Backer quelqu'un qui a besoin de nous. ☞ *Appuyer, Aider, Seconder* quelqu'un... **2.** Quand vient le temps d'agir, il ne faut pas backer. ☞ il ne faut pas *reculer*.

backfire v. intr. Poser un geste qui peut backfirer sur soi. ☞ qui peut *se retourner contre* soi.

background n. m. **1.** Aimer la musique dans le background [ou background music]. ☞ Aimer la *musique de fond*. **2.** Dans le background de la photo il y a des arbres. ☞ *À l'arrière-plan* de la photo... **3.** Peindre des fleurs sur un background bleu. ☞ Peindre des fleurs sur *fond* bleu. **4.** Demeurer dans le background. ☞ *S'effacer* [ou demeurer dans l'*ombre*]. **5.** Avant de condamner un enfant, il faudrait connaître son background. ☞ il faudrait connaître *ses antécédents*, son *passé*, son *milieu socio-culturel*.

backing n. m. Il a eu le backing de son école. ☞ le *soutien*...

backlane n. f. Déposer les poubelles dans la backlane. ☞ dans la *ruelle*.

backlash n. m. Si le gouvernement adopte cette politique, il pourrait y avoir un backlash. ☞ il pourrait y avoir *une réaction négative*, un *contrecoup*, un *ressac*.

backlog n. m. **1.** Je constate un backlog de votre loyer. ☞ un *arriéré*... **2.** Il y a un backlog dans votre travail. ☞ Votre travail *est en retard*. **3.** Il y a un backlog dans les commandes. ☞ Certaines commandes sont *inexécutées*.

backstop n. m. Au jeu de balle molle, nous avons besoin d'un backstop. ☞ un *filet d'arrêt*.

backstore n. m. Va chercher du bois dans le backstore. ☞ dans l'*entrepôt arrière* m., dans l'*arrière-boutique* f.

backup n. m. La police a besoin de backup pour rétablir l'ordre. ☞ a besoin de *renfort, d'appui*, de *soutien...*

badge n. m. L'agent de police porte un badge sur lequel apparaît deux colombes. ☞ L'agent de police porte un *insigne...*

bad luck n. f. Avoir de la bad luck. ☞ Avoir de la *malchance.*

badlucky adj. C'est un garçon badlucky. ☞ *malchanceux.*

bâdrer [anglicisme de *to bother*] v. tr. ou pron. 1. Ne viens pas me bâdrer. ☞ me *déranger, m'agacer, m'ennuyer.* 2. Bâdre-toi pas avec ça. ☞ Ne t'*inquiète* pas avec ça.

bag-pipe n. f. ☞ *Cornemuse.*

bail n. f. ou m. 1. On fait des bails de foin pour nourrir les animaux au cours de l'hiver. ☞ des *balles* de foin... 2. Le juge lui a accordé un bail. ☞ Le juge *l'a libéré sous caution.*

bailer [belər] n. m. Un bailer pour faire des balles de foin. ☞ Une *presse* pour faire des balles de foin.

baking powder n. m. ou f. Se servir de baking powder dans un gâteau. ☞ Se servir de *poudre à pâte...* f.

baking soda n. m. Se servir de baking soda pour les biscuits. ☞ Se servir de *bicarbonate de soude...* [le terme *soda à pâte* est également à éviter, puisqu'il s'agit d'une traduction littérale du terme anglais *baking soda*].

balanc n. m. Lorsque nous devenons vieux, nous perdons facilement notre balanc en marchant. ☞ notre *équilibre...*

balance n. f. 1. Promettre de donner la balance de telle somme due. ☞ Promettre de donner *le* *reste* de telle somme. **2.** Se peser sur la balance dans la salle de bain. ☞ sur *le pèse-personne…* [le fr. st. accepte : *balance* = Instrument qui sert à peser, *Balance* des comptes.]

balancer n. m. Balancer son budget. ☞ *Équilibrer* son budget.

bald eagle n. m. Par hasard, l'autre jour, j'ai vu un bald eagle. ☞ un *aigle à tête blanche.*

ball-bearing n. m. ☞ *Roulement à bille, Bille* f.

ball-point pen n. m. ☞ *Stylo à bille.*

ballot n. m. **1.** Les ballots de vote sont comptés. ☞ Les *bulletins,* Les *scrutins de vote* sont comptés. **2.** Ballot box. ☞ *Urne* f.

ballpark n. m. Aller se divertir au ballpark. ☞ au *stade de base-ball.*

baloné n. m. Quand on est trop pauvre pour s'acheter du steak, on mange du baloné. ☞ on mange de la *mortadelle.*

baloune [balŭn] n. f. Gonfler une baloune. ☞ Gonfler *un ballon.*

band [band] n. f. ou m. La band fait partie du défilé. ☞ La *fanfare,* Le *corps de musique…*

bandage n. m. ☞ *Pansement.*

bandager v. tr. Bandager le front d'un blessé. ☞ *Bander* le front, *Appliquer un bandage* au front d'un blessé.

band-aid n. m. J'ai besoin d'un band-aid pour soigner la plaie. ☞ un *pansement adhésif,* un *diachylon…*

bang 1. interj. Bang! Le vase a éclaté en mille morceaux. ☞ *Pan*!, *Vlan*!, *Boum*! **2.** n. m. Le bang du fusil l'a réveillé. ☞ *La détonation* du fusil…

bank n. f. La bank de la rivière est peu sûre à cet endroit. ☞ La *rive*, La *berge*...

bannock n. f. ☞ *Banique.*

banque de sang n. f. ☞ *Réserve* de sang.

bar-bells n. m. Se servir de bar-bells pour l'exercice physique. ☞ de *barres d'haltère*... f.

barbecue n. m. ☞ *Rôtisserie* f. [Poulet barbecue. ☞ *Poulet à la broche*].

barbershop n. m. ☞ *Salon de coiffure.*

bar code n. m. Remarquer que dans les grands magasins apparaît un bar code sur ce que l'on achète pour indiquer le prix de la marchandise achetée. ☞ apparaît un *code-barres, code à barres*...

bargain n. m. **1.** Faire un bargain avec quelqu'un. ☞ *marché.* **2.** C'est une journée de vrais bargains au magasin. ☞ une journée de *vraies aubaines*...

bargainer [bargəne] v. intr. Quand nous achetons une voiture, nous devons bargainer. ☞ nous devons *marchander.*

barre n. f. **1.** Une barre de chocolat. ☞ Une *tablette* de chocolat. **2.** Une barre de savon. ☞ *Un pain* de savon. [le fr. st. accepte : *Barre* de fer, *Barre* du tribunal.]

bartender n. m. ☞ *Barman* = Garçon du comptoir, Serveur du bar.

bas [**en bas de**] loc. Il fait deux degrés en bas de zéro. ☞ *au-dessous* de...

baseboard n. m. ☞ *Plinthe* f.

baseman n. m. Il est first [second, third] baseman. ☞ Il *joue au premier* [deuxième, troisième] *but.*

33

basil [bezəl] n. m. Comme épice, ajouter du basil. ☞ ajouter du *basilic*.

basketball n. m. Le basketball est un jeu très populaire. ☞ Le *ballon panier* ©...

bat [bat] n. m. Le joueur est au bat. ☞ Le joueur est au *bâton*.

batch n. f. **1.** Faire une batch de pains. ☞ Faire une *fournée* de pains. **2.** Une batch d'enfants. ☞ Une *bande*, Une *ribambelle* d'enfants.

batcher [batʃe ou batʃler] v. intr. Il batch dans les collines de Babcock. ☞ Il *vit seul, fait sa cuisine*...

bateau [**être dans le même**] loc. Nous sommes dans le même bateau. Nous avons tous deux perdu les sommes que nous avions investies. ☞ Nous sommes *logés à la même enseigne*, Nous sommes *dans la même galère*.

bathing suit n. m. ☞ *Maillot de bain*.

bathroom n. f. Se servir de la bathroom. ☞ Se servir de la *salle de bains*.

batter [bate][sport] v. tr. Batter la balle au bout du champ. ☞ *Frapper* la balle...

batter [batər] n. m. Le batter a manqué la balle. ☞ Le *frappeur*...

bay window n. m. ou f. ☞ *Fenêtre en saillie* f., *Oriel* m.

beach n. m. Aller au beach pour prendre du soleil. ☞ Aller *à la plage*...

beam n. m. ou f. Les beams du plafond sont vieux. ☞ Les *poutres* f. du plafond sont *vieilles*.

bean sprout n. m. Les bean sprouts sont bons pour la santé. ☞ Les *germes de haricot*...

bearing n. m. Les bearings des roues de ta bicyclette sont remplacés. ☞ Les *billes* [de roulement]... f.

beatable [bitabl] adj. Il n'est pas beatable aux cartes. ☞ Personne ne *peut le battre* aux cartes.

beater [bite] v. tr. ou intr. Beater quelqu'un aux cartes. ☞ *Battre, Vaincre* quelqu'un aux cartes.

bébé n. m. Ce projet-là, c'est mon bébé. ☞ c'est *ma création*.

bécosse n. f. [anglicisme de *back house*] Autrefois nous avions une bécosse près de la maison. ☞ nous avions *des toilettes extérieures*...

bed-and-breakfast n. m. ☞ *Chambre d'hôtes* f., *Gîte touristique* m.

bedpan n. m. ☞ *Bassin* [hygiénique].

bedspread n. m. ☞ *Couvre-lit, Dessus de* lit.

bedspring n. m. Un bedspring pour le lit. ☞ Un *sommier* [*à ressort*]...

bee [bi] n. m. Faire un bee pour construire une maison. ☞ Faire *une corvée*...

beefsteak n. m. ☞ *Biftek*.

beep [téléphone] [bip] n. m. Attendre la série de beeps. ☞ Attendre la série de *bips* [bips], le *signal sonore*.

bégayeux[euse] n. Il était bégayeux dans son enfance. ☞ Il était *bègue*... adj.

bell boy n. m. ☞ *Chasseur*.

beloné n. m. Voir **baloné**.

belt n. f. 1. En voiture, il faut porter une belt de sécurité. ☞ il faut porter une *ceinture* de sécurité. 2. La belt du radiateur est usée. ☞ La *courroie* du radiateur...

bénéfices de maladie n. m. ☞ *Prestations* de maladie f.

benefit [unemployment] n. m. Combien de gens pauvres reçoivent l'unemployment benefit?

☞ Combien de gens pauvres reçoivent l'*allocation de chômage, les prestations de chômage?* f.

berth n. m. Lorsque je prends le train, j'aime réserver un berth pour la nuit. ☞ une *couchette...*

best [**Faire de son**] loc. ☞ Faire de son *mieux.*

bestseller n. m. C'est un bestseller. ☞ C'est un *livre à succès,* un *livre à gros tirage,* un *livre le plus vendu, Bestseller* [bɛstsɛlɛr].

bet n. m. Faire un bet. ☞ Faire un *pari.*

better [bɛte] v. tr. ou intr. Better dix dollars sur un cheval. ☞ *Parier, Miser* dix dollars...

biannuel[**le**] adj. C'est une cérémonie biannuelle, c'est-à-dire qu'elle revient tous les deux ans. ☞ *bisannuelle...*

bicycle n. m. ☞ *Bicyclette* f.

bid n. m. **1.** Faire un bid pour la maison. ☞ Faire *une offre d'achat...* **2.** Faire un bid de sansatout. ☞ Faire *une enchère…*

bidder v. tr. **1.** J'ai biddé 5 $ pour la chaise. ☞ J'ai *fait une offre de...*, J'ai *fait une enchère de...* **2.** Nous avons joué aux cartes et j'ai biddé 3 piques. ☞ *j'ai demandé...* **3.** Bidder pour obtenir un contrat. ☞ *Soumissionner…*

bienvenue n. f. « Merci pour le bon repas. » — « Bienvenue. » ☞ *Je vous en prie, Il n'y a pas de quoi, De rien, C'est moi qui vous remercie.* [en guise d'accueil, le fr. st. accepte : *Bienvenue* chez nous.]

bifocals n. f. ou m. Avoir besoin de bifocals pour lire. ☞ Avoir besoin de *lunettes à double foyer…* f.

big shot n. m. L'homme que nous avons rencontré

est un big shot. ☞ un *personnage important, influent.* [fr. fam. : une grosse légume].

bill n. m. **1.** Un bill de deux dollars. ☞ Un *billet* de deux dollars. **2.** Recevoir le bill après avoir fait réparer sa voiture. ☞ Recevoir *la facture*... **3.** Nous avons bien mangé et le bill n'est pas trop élevé. ☞ l'*addition* n'est pas trop *élevée.* **4.** Le bill pour la chambre d'hôtel. ☞ La *note* pour la chambre d'hôtel. **5.** Le gouvernement a présenté ce bill. ☞ ce *projet de loi.*

billboard n. m. Devant le Collège Louis-Riel on a installé un billboard. ☞ on a installé un *panneau d'affichage.*

billet [faux-amis = ticket] n. m. Il a attrapé un billet pour excès de vitesse. ☞ *une contravention*... [le fr. st. accepte : un *billet* de concert, de théâtre.]

billet complimentaire n. m. Il me fait plaisir de vous faire parvenir un billet complimentaire pour notre spectacle. ☞ un billet *de faveur*...

billion [biljɔ̃] n. m. Le Canada est écrasé par une dette de 600 billions. ☞ *milliards.* [un milliard = 1000 millions; un billion = un million de millions.]

binder [bajndər] n. m. **1.** Se servir d'un binder pour attacher le grain en moyettes. ☞ Se servir d'*une lieuse*... **2.** Je me suis acheté un binder pour mes notes de classes. ☞ un *classeur à anneaux*...

binding n. m. Le binding du livre est déchiré. ☞ *La reliure*...

bine n. m. ou f. [bĭn]**1.** Un bine à charbon. ☞ Un *compartiment,* un *coffre,* une *boîte* à charbon. **2.** Des bines au lard. ☞ Des *fèves* au lard, des *haricots* au lard.

bird feeder n. m. ☞ *Mangeoire pour oiseaux* f.

bird flu n. m. L'épidémie à craindre est le bird flu. ☞ est *la grippe aviaire*.

bitable adj. Aux cartes, il n'est pas bitable. ☞ il *est imbattable*.

bitcher [bitʃe] v. intr. Il est toujours à bitcher contre le directeur. ☞ Il est toujours à *rouspéter* contre le directeur, à *critiquer* le directeur.

bite [bajt] n. f. Donner une bite de son sandwich. ☞ une *bouchée, un petit peu, un brin...*

bittersweet adj. Une sauce bittersweet. ☞ Une sauce *aigre-douce*.

blackberry n. f. ou m. Nous avons cueilli des blackberries. ☞ des *mûres* f.

black box n. f. La black box de l'avion a été retrouvée. ☞ L'*enregistreuse* de l'avion, La *boîte noire* de l'avion...

blackcurrant n. m. Une gelée aux blackcurrants. ☞ Une gelée aux *cassis*.

black eye n. m. Il a eu un black eye. ☞ un *œil au beurre noir*, un *œil poché*, un *œil tuméfié*.

black ice n. f. La route était couverte de black ice. ☞ de *glace noire*.

blacklist n. f. Depuis son mauvais coup, il est sur la blacklist du directeur. ☞ sur la *liste noire*…

blackmail n. m. L'outil des lâches est le blackmail. ☞ le *chantage*.

black market n. m. Acheter des cigarettes au black market. ☞ Acheter des cigarettes *sur le marché noir*.

blackout n. m. **1.** La tempête a provoqué un blackout qui a duré plusieurs heures. ☞ *une panne d'électricité...* **2.** Le pauvre homme s'est fait frapper par une voiture et a eu un blackout. ☞ et a eu un *étourdissement,* un *évanouissement.*

blacktop n. m. Recouvrir la rue de blacktop. ☞ de *bitume.*

blâme [**mettre le**] loc. Il met toujours le blâme sur les autres. ☞ Il *blâme* toujours les autres.

blanc de chèque n. m. ☞ *Formule de* chèque f.

blanc de mémoire loc. ☞ *Trou* de mémoire.

blank check loc. **1.** Je te signe un blank check et tu inscriras le montant que tu veux. ☞ un *chèque en blanc...* **2.** Pour faire son travail, il a reçu un blank check du patron; c'est-à-dire la liberté d'agir à sa guise. ☞ une *carte blanche...*

bleach n. m. **1.** [Javex : marque déposée]. ☞ *Eau de Javel.* **2.** Elle emploie un bleach pour sa nappe. ☞ un *agent de blanchiment...*

bleacher [blitʃər] n. m. Quantité de bons sièges dans les bleachers. ☞ dans les *gradins.*

blend n. m. ou v. tr. Un blend de fruits et de légumes. ☞ Un *mélange* de fruits et de légumes. [même chose pour blend de café ☞ *mélange* de café].

blender [blɛndər] n. m. On se sert d'un blender pour mélanger, fouetter, hacher ou pour obtenir une purée. ☞ On se sert d'un *mélangeur,* d'un *mixeur...*

bleu [**avoir les**] loc. ☞ *Faire de la déprime, broyer du noir.*

blind n. m. Baisser les blinds lorsque le soleil est trop fort. ☞ Baisser les *stores...*

blink [blĭnk] v. intr. Lorsque l'appareil fonctionne, la lumière blink. ☞ la lumière *clignote.*

bloc n. m. **1.** Demeurer à quelques blocs du magasin. ☞ Demeurer à quelques *rues*... **2.** J'ai fait le tour de ce bloc. ☞ J'ai fait le tour de ce *pâté de maisons*.

bloc appartement n. m. Demeurer dans un bloc appartement. ☞ Demeurer dans un *immeuble résidentiel* ou *d'habitation, une maison de rapport, une tour d'habitation,* un *immeuble d'appartements*.

block-heater n. m. Pour les froids d'hiver, j'ai fait installer un block-heater dans ma voiture. ☞ un *chauffe-moteur* ou *chauffe-bloc*...

blood adj. Un garçon bien blood. ☞ Un garçon bien *généreux*.

blood clot n. m. ☞ *Caillot de sang.*

blood clotting loc. Ce médicament prévient le blood clotting. ☞ la *coagulation du sang.*

bloodhound n. m. ☞ *Limier* [chien].

blood pressure n. Le médecin vérifie mon blood pressure. ☞ *ma pression, ma tension artérielle.*

blood sausage n. m. ☞ *Boudin.*

blood test n. m. Un blood test lui a révélé qu'il avait le diabète. ☞ *Une analyse sanguine, Une prise de sang...*

bloquer v. tr. **1.** Une voiture qui bloque la rue. ☞ Une voiture qui *obstrue* la rue. **2.** Les arbres bloquent la vue. ☞ Les arbres *empêchent de voir.*

blow-out n. m. J'ai eu un blow-out en revenant du travail. ☞ un *éclatement de pneu*…

blow-torch n. m. Souder avec un blow-torch. ☞ un *chalumeau.*

blueberry n. m. ou f. ☞ *Bleuet* m.

blue-jay n. m. Un des plus beaux oiseaux est le blue-jay. ☞ le *geai bleu.*

blueprint n. m. Dessiner le blueprint d'une maison. ☞ Dessiner le *plan* d'une maison.

blush v. intr. Un garçon qui blush quand on lui parle des filles. ☞ Un garçon qui *rougit, devient rouge…*

boaster v. intr. Une personne qui aime se boaster. ☞ qui aime *se vanter.*

boat people n. m. ☞ Réfugiés de la mer.

bob-sleigh n. m. Un des plaisirs de l'hiver c'est d'aller en bob-sleigh. ☞ en *traîneau.*

bobby pin n. f. ☞ *Pince à cheveux.*

bobcat n. m. **1.** Rencontrer un bobcat dans la forêt. ☞ Rencontrer un *lynx...* **2.** [trottoir] n. m. Lors de tempête de neige, la ville devrait se servir de bobcats. ☞ *déneigeuse de trottoir* ou *déneigeuse* f.

body bags n. m. On a descendu les body bags de l'avion. ☞ les *housses mortuaires* f., les *linceuls...* m.

body building n. m. Faire du bodybuilding pour remodeler son corps. ☞ *Pratiquer* le *culturisme...*

body-check [sport] n. m. ☞ *Coup d'épaule.*

bodyguard n. m. Il ne sort pas sans son bodyguard. ☞ sans son *garde du corps.*

body shop n. m. Mon ami travaille dans un body shop. ☞ un *atelier de carosserie.*

boiler n. m. Se servir du boiler pour faire les conserves. ☞ du *chaudron...*

boiler room n. m. ☞ *Salle des chaudières, chaufferie* f.

bois [**n'être pas sorti du**] loc. Avec tous ces scandales, le gouvernement n'est pas sorti du bois.

☞ le gouvernement n'*a pas résolu ses problèmes*, n'est pas *au bout de ses peines*, n'est pas *sorti de l'auberge* [fam.].

boîte à lunch n. f. ☞ *Mallette à pique-nique, Sac-repas* m.

boîte à malle n. f. Déposer un paquet dans une boîte à malle. ☞ dans une boîte *aux lettres* [ou à lettres].

boîte d'alarme n. f. Installer une boîte d'alarme. ☞ *un avertisseur d'incendie.*

bold [imprimerie] adj. **1.** Écrire un texte en caractères bold. ☞ en caractères *gras*. **2.** Il est pas mal bold d'entreprendre ce travail à l'âge de 80 ans. ☞ pas mal *hardi, audacieux, confiant…*

bol de toilette n. m. Va nettoyer le bol de toilette. ☞ Va nettoyer *la cuvette*.

bolt n. f. **1.** Installer une bolt à la porte. ☞ *un verrou…* **2.** Les bolts servent à assembler les pièces de la balançoire. ☞ *boulons…* m.

bolter [b o l t e] v. tr. ou intr. **1.** Bolter deux planches ensemble. ☞ *Boulonner* deux planches ensemble. **2.** Quand il a vu le directeur, il a bolté. ☞ il *est parti en vitesse*, il a *décampé*.

bon adj. Attendre quelqu'un un bon trois heures. ☞ Attendre *plus que* trois heures, trois *bonnes* heures.

bon matin! [salutation] ☞ *Bonjour!*

bonus n. m. Recevoir un bonus du patron. ☞ Recevoir un *boni, une prime…*

booker [b u k e] v. tr. Il faut booker une chambre d'hôtel. ☞ *réserver, retenir…*

book binder n. m. S'acheter un book binder pour prendre des notes. ☞ S'acheter un *classeur à anneaux…*

book jacket n. m. ☞ Le book jacket est attrayant. ☞ *La jaquette*, Le *bandeau du livre…*

bookmark n. m. J'ai placé dans mon livre un bookmark pour savoir où je suis rendu. ☞ J'ai placé un *signet…*

boom n. m. Dans les années d'après-guerre, nous avons connu un boom économique. ☞ *une expansion*, un *essor économique.*

boost n. m. **1.** La boisson peut donner un boost. ☞ La boisson peut *revigorer.* **2.** Une batterie qui a besoin d'un boost. ☞ Une batterie qui a besoin d'*être rechargée.*

booster v. tr. **1.** Le marchand a boosté les prix. ☞ a *gonflé* les prix. **2.** Pourriez-vous booster ma batterie? ☞ Pourriez-vous *ranimer, charger* ma batterie?

boot n. m. Porter des boots pour l'hiver. ☞ Porter des *bottes,* des *bottillons…*

booth n. m. **1.** Les booths d'un restaurant. ☞ Les *box…* **2.** Booth de téléphone. ☞ *Cabine téléphonique* f.

bootlegging n. m. Au cours des années de prohibition, il se faisait beaucoup de bottlegging. ☞ beaucoup de *contrebande d'alcool* f.

bootléguer v. tr. ou intr. Faire sa vie en bootléguant. ☞ en *faisant de la contrebande d'alcool.*

borderline n. m. C'est un cas borderline. ☞ C'est un cas *limite.*

boss n. m. Le boss m'a congédié. ☞ Le *patron* m'a congédié.

bosser v. tr. **1.** Bosser sa voiture. ☞ *Bosseler…* **2.** Aimer bosser les autres. ☞ Aimer *diriger, mener…*

botcher v. tr. Botcher son travail. ☞ *Gâcher, Cochonner* son travail.

bottle-opener n. m. Je ne peux pas ouvrir cette bouteille sans bottle opener. ☞ sans *décapsuleur,* sans *ouvre-bouteille.*

bouncer 1. n. m. Il travaille comme bouncer à la salle de danse. ☞ comme *videur...* **2.** v. intr. Il n'avait pas d'argent, alors son chèque a bouncé. ☞ son chèque *sans provision* lui a été retourné. **3.** Ce jeune athlète sait faire bouncer une balle. ☞ sait faire *rebondir...*

bowler [bole] v. intr. Elle bowle toutes les semaines. ☞ Elle *joue aux quilles...*

bow tie n. m. ☞ *Nœud papillon.*

boxcar n. m. Transporter le grain, le bétail, etc. par box car. ☞ par *fourgon.*

Boxing day n. m. ☞ [les soldes de] *l'après-Noël, le lendemain de Noël.*

box office n. m. **1.** Un film qui arrive en tête du box office. ☞ Un film qui *a la plus haute cote de succès.* **2.** Acheter ses billets au box office. ☞ au *guichet.*

box spring n. m. ☞ *Sommier à ressorts.*

boyfriend n. m. Avoir un boyfriend. ☞ Avoir un *petit ami,* un *ami,* un *copain.*

braces [bres] n. f. ou m. **1.** Avoir besoin de braces pour soutenir le mur. ☞ Avoir besoin de *contre-fiches...* **2.** Se faire poser un brace. ☞ un *appareil orthodontique,* des *broches* [can.] f. **3.** Se faire poser une brace parce que l'on s'est brisé la hanche. ☞ *un appareil orthopédique...*

bracer [brəse] v. tr. Bracer un mur. ☞ *Soutenir, Consolider* un mur.

bracket n. m. Quel est ton bracket de revenu?
☞ Quelle est *ta tranche* de revenu?

brain drain loc. Parce que les médecins ne sont pas payés assez cher, nous subissons un brain drain. ☞ *un exode des cerveaux.*

brain wash n. m. ☞ *Lavage de cerveau.*

brainstorming n. m. Pour recevoir de nouvelles idées, nous avons eu un brainstorming. ☞ nous avons eu un *remue-méninges.*

braker [br e k e] v. intr. Il n'a pas su braker à temps et a eu un accident. ☞ Il n'a pas su *freiner* à temps...

brakes [br e k s] n. m. Les brakes de la voiture sont usés. ☞ Les *freins* de la voiture sont usés.

bran n. m. Le bran est bon pour la santé. ☞ Le *son...*

branche n. f. **1.** Une branche de chemin de fer reliait Cardinal à Notre-Dame-de-Lourdes. ☞ *Un embranchement de chemin de fer...* **2.** Nous avons une branche de la Banque Royale à Saint-Boniface. ☞ une *succursale...*

brancher v. intr. Une route qui branche à tel endroit. ☞ Une route qui *bifurque* [se divise en deux]...

brand n. f. ou m. Une brand de souliers. ☞ Une *marque* de souliers.

braquette n. f. Avoir besoin d'une braquette pour accrocher quelque chose au mur. ☞ Avoir besoin d'une *broquette*, d'une *punaise...*

brass n. m. **1.** Du fil de brass. ☞ Du fil de *laiton.* **2.** Une lampe en brass. ☞ Une lampe de *cuivre*, de *laiton.*

bread crumbs n. f. Avoir besoin de bread crumbs pour telle recette. ☞ Avoir besoin de *chapelure...*

bread machine n. m. Avec le bread machine, nous avons du pain frais tous les matins. ☞ Avec le *robot-boulanger*, la *machine à pain*...

breaded adj. Du poisson breaded. ☞ Du poisson *pané*.

break n. m. **1.** Prendre un break. ☞ Prendre *une pause* ou *une pause café*. **2.** loc. Give me a break. ☞ *Fiche-moi la paix, change de disque.* **3.** [télé] *pause publicitaire* f.

break-in n. m. Il y a eu un break-in chez le voisin. ☞ Il y a eu *une entrée par effraction* chez le voisin.

breaker [br e k ər] n. m. Devoir vérifier le break-er lorsque le courant électrique est coupé. ☞ Devoir vérifier le *disjoncteur*...

breakthrough n. m. La pasteurisation a été un breakthrough dans l'industrie laitière. ☞ a été *une découverte capitale, une percée*...

breathalyzer test n. m. Un automobiliste qui doit subir un breathalyzer test. ☞ qui doit subir un *alcootest*.

breech [naissance] n. ☞ [*accouchement par le*] *siège*.

bribe [br ɑ j b] **1.** n. m. ou f. Cet employé t'accordera ce que tu veux si tu lui donnes un bon bribe. ☞ *pot-de-vin* m. **2.** v. tr. Nous avons bribé le professeur pour qu'il nous accorde une meilleure note. ☞ *soudoyé*...

bridge n. m. Se faire poser un bridge. ☞ Se faire poser *une prothèse dentaire*.

briefcase n. m. Déposer ses livres dans un briefcase. ☞ *une mallette, une serviette*.

briefing n. m. Le directeur nous a convoqués pour un briefing. ☞ pour *une réunion d'information*, pour *nous* donner un *rapport*.

brights n. m. Mettre les brights sur la voiture. ☞ Mettre les *feux de route*...

briser v. tr. Il a brisé un record. ☞ Il *a battu*...

broadcaster v. tr. Il a vite broadcasté la nouvelle. ☞ Il a vite *crié*, *répandu* la nouvelle.

broker [br o k ə r] n. m. Il s'est servi d'un broker pour le placement de ses revenus. ☞ Il s'est servi d'un *courtier*, d'un *agent de change*...

bronco n. m. ☞ *Cheval sauvage*.

broth n. m. Pour faire de la soupe, je me sers d'un broth de poulet. ☞ je me sers d'un *bouillon* de poulet.

brownie n. m. ☞ *Carré au chocolat*.

browser [br ɑ w z e] v. intr. **1.** Je n'achète rien. Je ne fais que browser. ☞ Je ne fais que *regarder*. **2.** J'aime browser dans une librairie. ☞ J'aime *feuilleter les livres, bouquiner* dans une librairie.

bruise n. m. **1.** Dans ce terrible accident, mon ami s'en est sorti avec seulement quelques bruises. ☞ quelques *bleus* m., *ecchymoses* f., *contusions* f., *égratignures* f. **2.** Remarque les bruises sur les fruits. ☞ *les meurtrissures*... f.

brûler [se] v. pron. Il s'est brûlé à la tâche. ☞ Il s'est *épuisé*, Il s'est *ruiné physiquement*...

brunch n. m. ☞ *Déjeuner*. Repas qui sert à la fois de petit déjeuner et de déjeuner.

bubble n. f. Faire des bubbles avec le savon. ☞ Faire des *bulles* avec le savon.

bubble gum n. f. La bubble gum est très populaire chez les enfants. ☞ La *gomme à boules, à mâcher*...

buck n. m. **1.** ☞ *Mâle* [du chevreuil ou de l'orignal]. **2.** Un gros buck. ☞ Un gros *bonnet*, Un *homme éminent*.

bucker [bɔke] v. intr. Un cheval qui bucke. ☞ Un cheval qui *regimbe*.

bucket seat n. m. ☞ *Siège baquet*.

buckstove ® n. m. Un buckstove installé dans le salon. ☞ Un *appareil de chauffage*, Un *poêle à bois*...

budgie n. m. Un budgie est de bonne compagnie pour une personne seule. ☞ Une *perruche*...

buffalo n. m. Il y a cent ans, les buffalos parcouraient la prairie. ☞ les *bisons*, *buffles* parcouraient la prairie.

bug n. m. 1. Des bugs dans le logiciel qui entraînent des défauts de fonctionnement. ☞ Des *bogues* dans le logiciel... 2. p. p. Le gouvernement a buggé les bureaux des fonctionnaires. ☞ a installé des *appareils d'écoute*, des *micros cachés*, a branché *sur table d'écoute*...

buggie n. m. À l'époque on voyageait en buggie. ☞ On voyageait en *buggy* (ou *boghei*), *en calèche* f.

building n. m. 1. Le Palais législatif est un building imposant. ☞ un *édifice* imposant. 2. Il a son bureau dans un building de l'avenue Broadway. ☞ dans un *immeuble* de l'avenue Broadway.

bulb n. f. 1. La bulb de la lampe est grillée. ☞ *L'ampoule* de la lampe est grillée. 2. La bulb d'une plante. ☞ *Le bulbe* d'une plante.

bulk n. m. Épargner de l'argent en achetant des noix en bulk. ☞ en achetant des noix en *vrac*.

bull's eye n. m. Il est très adroit. Il a frappé le bull's eye. ☞ *Il a fait mouche*.

bulldog n. m. ☞ *Bouledogue*.

bulldozer n. m. ☞ *Bouteur.*

bulletproof adj. C'est un vêtement bulletproof. ☞ un *vêtement pare-balles.*

bullshit [vulg.] n. f. Tout ce qu'il dit, c'est de la bullshit. ☞ c'est de la *vantardise*, de la *connerie* [fam.], de la *foutaise* [fam.], ce sont des *inventions.*

bullshiteur [vulg.] n. m. C'est un bon garçon mais il est bullshiteur. ☞ mais il est *vantard, raconteur de conneries, emmerdeur* [fam.].

bullying n. m. Il y a beaucoup de bullying dans cette école. ☞ d'*intimidation* f., de *taxage...* m.

bum n. m. **1.** On rencontre plusieurs bums au centre-ville. ☞ plusieurs *clochards...* **2.** Ce garçon est un bum. ☞ est un *bon à rien*, un *vaurien*, un *voyou.*

bummer [bɔme] v. tr. ou intr. C'est un garçon qui bumme tout le temps. ☞ un garçon qui *quête*, qui *flâne* tout le temps.

bump n. m. Il y a des bumps sur la chaussée. ☞ La chaussée *est raboteuse, est déformée.*

bumper [bɔmpər] n. m. Le bumper avant de la voiture. ☞ Le *pare-chocs* avant de la voiture.

bumper [bɔmpe] v. tr. ou intr. Bumper contre quelqu'un. ☞ *Buter* contre quelqu'un.

bumpy adj. La route est très bumpy. ☞ très *cahoteuse.*

bun n. m. ou f. Les buns de Pâques sont délicieuses. ☞ Les *brioches* de Pâques... f.

bunch n. f. **1.** Une bunch d'enfants. ☞ *Un groupe,* Une *bande* d'enfants. **2.** Une bunch de cheveux. ☞ Une *touffe* de cheveux. **3.** Une bunch de radis. ☞ Une *botte* de radis. **4.** Une bunch de bananes. ☞ *Un régime* de bananes. 5. Une bunch de raisins. ☞ Une *grappe* de raisins.

bungee n. m. À l'âge de 97 ans, le voilà qui veut s'initier au bungee. ☞ au *saut à l'élastique.*

bunk bed n. m. Il y a un bunk bed dans la chambre. ☞ un *lit superposé...*

burn-out n. m. ☞ *Épuisement professionnel.*

burner [bɔr nər] n. m. Les burners d'une cuisinière. ☞ Les *brûleurs*, Les *éléments...* [de surface].

bus shelter n. m. Dans un climat comme le nôtre, nous avons besoin de bus shelters. ☞ nous avons besoin d'*abribus.*

bus stop n. m. Il y a un bus stop à deux pas d'ici. ☞ Il y a un *arrêt d'autobus* à deux pas d'ici.

bush-pilot n. m. Il a exercé le métier de bush-pilot. ☞ de *pilote de brousse.*

business n. f. Être dans la business. ☞ Être dans *les affaires*, dans *le commerce.*

buster [bɔste] v. tr. ou intr. 1. Buster un ballon. ☞ *Crever* un ballon. 2. La banque a busté. ☞ La banque a *fait faillite.* 3. Une boîte qui a busté. ☞ qui a *éclaté.*

busy signal [téléphone] n. m. Lorsque je prends le combiné il y a un busy signal. ☞ une *tonalité occupé* [invariable], une *tonalité d'occupation.*

busy-body n. m. Être un busy-body. ☞ *Prétendre être affairé, empressé, Faire semblant d'être très occupé, Faire la mouche du coche.*

butt n. m. Un butt de cigarette. ☞ Un *mégot* de cigarette.

butter lettuce n. m. ou f. ☞ *Laitue grasse* f.

buttermilk n. m. ☞ *Babeurre.*

butterscotch n. m. Des bonbons au butterscotch. ☞ au *caramel.*

buttonhole n. m. Monsieur Trudeau aimait bien porter une fleur au buttonhole. ☞ *à la boutonnière.*

bypass n. m. **1.** Prendre le bypass pour éviter la ville. ☞ Prendre *la route* ou *la bretelle de contournement, la voie de déviation...* **2.** Après une crise cardiaque, il a subi un bypass. ☞ un *pontage.*

C

cabbage rolls n. m. ou f. On nous a servi des cabbage rolls comme entrée. ☞ des *choux farcis...*

cable tv n. m. Chaque chambre est pourvue d'un cable tv. ☞ *téléviseur câblé.*

café instantané n. m. Le café instantané se fait dans une minute. ☞ Le café *soluble...*

cake n. m. Faire un cake pour Noël. ☞ Faire un *gâteau aux fruits* ©.

cake mix n. m. Je me sers d'un cake mix pour faire mon gâteau aux anges. ☞ Je me sers d'*une préparation instantanée...*

calculateur n. m. Se servir d'un calculateur pour additionner les chiffres. ☞ d'*une calculatrice...*

call n. m. **1.** C'est bien important d'avoir un médecin on call. ☞ un médecin *de garde.* **2.** J'ai reçu un call. ☞ J'ai reçu un *appel.*

call display [tél.] n. m. Avez-vous un téléphone avec un call display? ☞ Avez-vous un *afficheur* [de noms, de numéros] à votre téléphone?

call down n. m. Je suis arrivé en retard et j'ai mangé un call down. ☞ *et j'ai reçu une semonce, et je me suis fait engueuler* [fam.], *je me suis fait réprimander.*

call trace [tél.] n. m. J'ai un service de call trace pour savoir qui m'appelle. ☞ J'ai un service de *dépistage*...

call return [tél.] n. m. J'ai un service de call return. ☞ J'ai un service de *mémorisation* f.

call waiting [tél.] n. m. Le service de call waiting est très commode. ☞ Le service de *mise en attente*... f.

câller v. tr. **1.** Câller une danse. ☞ *diriger*... **2.** Nous allons câller les numéros. ☞ Nous allons *appeler* les numéros.

calvette n. f. Une calvette est bouchée. ☞ *Un caniveau*... = Tranchée pratiquée sous une route et traversée par un ponceau.

camp [kãp] n. m. **1.** Je travaillais comme cuisinier dans un camp d'exploitation forestière. ☞ *chantier* [can.] = habitation pour les bûcherons dans la forêt. **2.** Avoir un camp près du lac. ☞ une *maison de campagne*, un *chalet* ©, un *cottage*...

camper [kampər] n. m. **1.** S'acheter un camper pour voyager. ☞ S'acheter *une roulotte*, une *caravane*... **2. camping trailer** n. m. ☞ une *tente-roulotte*, une *tente-caravane*.

can n. f. **1.** Une can d'eau. ☞ *Un bidon*. **2.** La garbage can. ☞ La *boîte à ordures*, la *poubelle*. **3.** Une can de tomates en conserve. ☞ Une *boîte*... **4.** Une can de hairspray. ☞ Une *bombe de laque pour les cheveux, Laque en aérosol pour les cheveux, du fixatif*. **5.** Il est en can depuis deux ans. ☞ *en prison*... **6.** Une can de bière. ☞ Une *canette*... **7.** Détester faire de la can. ☞ Détester *aller en prison*.

canal n. m. **1.** Tourner au canal 3 de la télévision. ☞ *Sélectionner la chaîne 3.* **2.** Il allait trop vite. Il a pris le canal. ☞ Il a pris le *fossé.*

cancellation n. f. Des cancellations pour un voyage. ☞ Des *annulations de* voyage.

canceller v. tr. **1.** Canceller un chèque. ☞ *Annuler* un chèque. **2.** Canceller une réunion. ☞ *Décommander* une réunion. **3.** Canceller un mot. ☞ *Rayer, Biffer, Raturer* un mot. **4.** Canceller une phrase. ☞ *Barrer* une phrase.

candy n. m. Veux-tu avoir un candy pour te sucrer le bec? ☞ Veux-tu avoir un *bonbon...*

cankerworm n. m. ☞ *Ver.*

cannages n. m. Le mois d'août est là. C'est le temps des cannages. ☞ C'est le temps *de la mise en conserve.*

canner [k a n ə r] n. m. Se servir d'un canner pour la mise en conserve. ☞ d'un *chaudron...*

canner [k a n e] v. tr. **1.** Canner des tomates. ☞ *Mettre* des tomates *en conserve.* **2.** Le voleur s'est fait canner pour trois mois. ☞ s'est fait *mettre en prison* pour trois mois. **3.** Un joueur de hockey qui se fait canner. ☞ qui se fait *punir*, qui *reçoit une pénalité.* **4.** Être canné. ☞ Être *ivre.*

can opener n. m. Se servir d'un can opener pour ouvrir les boîtes de conserves. ☞ Se servir d'un *ouvre-boîte...*

canopé n. m. **1.** On a installé un canopé vitré à l'entrée de l'hôtel Fort Garry. ☞ *une marquise...* **2.** La royauté exigeait qu'un canopé soit installé au-dessus de leur lit, c'est-à-dire une tapisserie en forme de dais de rideau. ☞ un *baldaquin, un lit à baldaquin...* **3.** Le monastère de Holland possède un canopé, c'est-à-dire un lieu destiné à la promenade dans l'enceinte de l'édifice. ☞ un *promenoir...* **4.** Nous construisons un canopé à l'entrée de la Place Des Meurons pour nous protéger de la pluie. ☞ un *abri*, un *avant-toit*, un *auvent...*

canvassing n. m. Faire du canvassing pour la recherche sur le cancer. ☞ Faire du *porte-à-porte, démarchage...*

canyon [kanjən] n. m. ☞ *Canyon* [kaniɔ̃].

cap n. m. **1.** Cap de bouteille. ☞ *Capsule...* f. **2.** Porter un cap sur la tête. ☞ *une casquette...* **3.** Le cap du radiateur. ☞ Le *bouchon...* **4.** Le cap d'un champignon. ☞ Le *chapeau...*

capitaine n. m. Le capitaine de l'avion est malade. ☞ Le *commandant...*

capitale adj. Une phrase commence par une lettre capitale. ☞ par une lettre *majuscule.*

car wash n. m. ☞ *Lave-auto.*

car pool n. m. Aller au travail en car pool. ☞ Aller au travail *par covoiturage* ©.

caravaning n. m. Le caravaning est de plus en plus populaire. ☞ Le *caravanage* est de plus en plus populaire. Il est de plus en plus populaire de *faire de la caravane.*

carbohydrates n. m. Le médecin m'a recommandé de ne pas manger trop de carbohydrates. ☞ de *glucides*, de *féculents*, de *farineux.*

carbon monoxide n. m. ☞ *Oxyde de carbone.*

caretaker n. m. Le caretaker de notre école fait un bon travail. ☞ Le *concierge...*

cargo n. m. Un cargo de marchandise. ☞ *Une cargaison...*

carnation [k a r n e ʃ ə n] n. f. Un bouquet de car-
nations. ☞ d'*œillets* m.

carport n. m. Nous n'avons pas de garage mais un
carport qui protège contre la neige. ☞ *auvent*
[pour voitures]...

carriage [k ar e d j] n. m. Un baby carriage. ☞ *Une
poussette.*

cart n. m. **1.** Se servir d'un shopping cart pour faire
ses emplettes. ☞ d'un *chariot...* **2.** C'est
reposant de se servir d'un golf cart. ☞ une
voiturette de golf.

carte d'affaires n. m. ☞ *Carte professionnelle* f.

carton [k a r t ə n] n. m. Chaque fois que je vais en
Ontario, j'achète un carton de cigarettes.
☞ *une cartouche* de cigarettes.

cartoon n. m. ☞ *Dessin animé.*

cartoonist n. m. ☞ *Caricaturiste.*

cash 1. v. tr. Casher un chèque. ☞ *Encaisser,
Toucher* un chèque. **2.** n. m. Avoir du cash.
☞ Avoir *de l'argent*, de l'*argent liquide*. **3.** adv.
Payer cash. ☞ Payer *comptant.* **4.** Je ne veux
pas être payé par chèque mais en cash. ☞ mais
en *espèces.*

cashew n. En jouant au bridge, nous mangeons des
cashews. ☞ nous mangeons des *noix de cajou*,
des *noix d'acajou.*

cashier [k a ʃ i r] n. m. Payer le cashier. ☞ le
caissier.

cassé p. p. Mon ami est cassé. ☞ Mon ami *n'a pas
d'argent, est fauché* [fam.].

casser v. tr. Casser un billet de 5 $. ☞ *Faire de la
monnaie pour...*

casserole n. f. Casserole au poulet. ☞ *Gratinée de*

poulet. [Il est entendu que *casserole* est accepté lorsqu'il s'agit d'ustensile de cuisine].

cassette player n. m. ☞ *Lecteur de cassettes.*

cassette recorder [**tape recorder**] n. m. ☞ *Lecteur de cassettes, Magnétophone.*

cast n. m. On a dû lui poser un cast, car elle s'était brisé le bras. ☞ un *plâtre...*

caster [k a s t ə r] n. m. Un fauteuil avec des casters. ☞ Un fauteuil *à roulettes.*

casual adj. Casual dress. ☞ *Tenue sport, décontractée.*

catcher [k a t ʃ e] v. tr. **1.** Catcher la balle. ☞ *Attraper* la balle. **2.** Catcher un rhume. ☞ *Prendre* un rhume.

catcher [k a t ʃ ə r] n. m. Le catcher a manqué la balle. ☞ Le *receveur...*

catering n. m. Il fait du catering pour les déjeuners. ☞ Il est devenu pourvoyeur de déjeuners.

catheter [k a t e t ə r] n. m. ☞ *Cathéter* [k a t e t ɛ r].

caulké v. tr. Avoir mal caulké les carreaux de la cuisine. ☞ mal *calfaté...*

cavité n. f. Avoir une cavité dentaire. ☞ une *carie dentaire.*

CD player n. m. abrév. ☞ *Lecteur de disques compacts,* de *CD* [s e d e] [ou simplement de *disque*].

cédule n. f. **1.** Respecter sa cédule de travail. ☞ Respecter *son horaire...* m. **2.** La cédule des parties de hockey. ☞ Le *calendrier...*

céduler v. tr. La réunion est cédulée à deux heures. ☞ *prévue...*

cellular phone n. m. Le cellular phone nous permet d'appeler quelqu'un peu importe où nous sommes. ☞ Le *téléphone cellulaire*, Le *cellulaire...*

cent [sɛnt] **1.** n. f. Ne pas avoir une cent. ☞ Ne pas avoir *un* cent [en français *cent* est masculin]. **2.** plur. Avoir dix cents [sɛnts]. ☞ Avoir dix *cents* [sɛnt] [le *s* pluriel ne se prononce pas en français].

centerpiece n. m. Broder un beau centerpiece. ☞ un beau *milieu de table*, un beau *surtout [de table]*.

centre communautaire n. m. ☞ *Centre de loisirs*.

centre de table n. m. ☞ *Carré* de table, *Rond* de table, *Milieu* de table.

certain 1. adv. J'irai pour certain. ☞ J'irai *certainement*. **2. Faire certain** loc. Il faut faire certain que le voleur est parti. ☞ Il faut *s'assurer* que...

certificat n. m. Certificat de baptême. ☞ *Extrait de baptême*.

certifier v. tr. Pouvez-vous certifier qu'il était à la maison? ☞ Pouvez-vous *prouver*, *attester...*

cesspool n. m. ☞ *Fosse d'aisance* f.

chainsaw n. m. ☞ *Tronçonneuse*, *Scie à chaîne* f.

challenge n. m. Une partie qui est un véritable challenge. ☞ un véritable *défi*.

chambre de bains n. f. ☞ *Salle de bains*.

chambre n. f. Tu trouveras le médecin à la chambre 209. ☞ *au bureau, à la pièce, à la salle* 209.

chambre double n. f. ☞ Chambre *à deux lits*.

chambre simple n. f. ☞ Chambre *à un lit*.

chance n. f. **1.** Prendre la chance de tout perdre. ☞ *Courir le risque* de tout perdre. **2.** Une chance qu'il était là! ☞ *Heureusement...*

chandelier n. m. Chandelier de plusieurs lampes

installé au plafond du salon. ☞ *Lustre*... [le fr. st. accepte : un *chandelier* supportant plusieurs chandelles].

change n. m. 1. Avoir du change pour un dollar. ☞ *de la monnaie*... 2. Garder le change. ☞ Garder *la monnaie*. 3. Être gentil pour un change. ☞ pour *une fois*.

changer v. tr. 1. Changer un chèque. ☞ *Toucher, Encaisser*... 2. Changer cinq dollars. ☞ *Faire de la monnaie pour* cinq dollars. 3. Changer l'huile de la voiture. ☞ *Vidanger* l'huile...

chanson [**pour une**] loc. n. f. Nous avons eu ce fauteuil pour une chanson. ☞ pour une *bouchée de pain*.

chapeau [**passer le**] loc. On va passer le chapeau. ☞ On va *faire une collecte.*

charge n. f. 1. Être en charge d'un édifice. ☞ Être *responsable*... 2. Il n'y a pas de charge pour ce service. ☞ *C'est un service sans frais, gratuit.* 3. Je suis en charge du bureau. ☞ Je suis *responsable* du bureau.

charger v. tr. Charger vingt dollars. ☞ Demander, *Réclamer, Exiger* vingt dollars.

chart n. f. ☞ *Diagramme* m., *Carte* f., *Tableau* m.

charter [t ʃ a r t ə r] n. m. Faire un voyage par charter. ☞ *par vol nolisé.*

charrue [**à neige**] n. f. ☞ *Chasse-neige* m.

chaser [t ʃ e s ə r] n. m. [pour boisson] Nous avons bu trois bouteilles de vin; maintenant il nous faut un chaser. ☞ un *pousse-alcool.*

chat [**le chat est sorti du sac**] loc. ☞ *Nous connaissons enfin la vérité, On a vendu la mèche.*

chatline [inform.] n. m. J'ai conversé avec un ami

suisse et un cousin anglais sur le chatline dans Internet. ☞ J'ai participé à une *session de clavardage* dans Internet.

chatter [t ʃ a t e] v. intr. Les jeunes aiment bien chatter dans Internet. ☞ aiment bien *clavarder, bavarder...*

cheap adj. **1.** On peut avoir des billets cheap. ☞ *à prix réduit, bon marché, au rabais.* **2.** Un matériel qui est cheap. ☞ *de mauvaise qualité.*

check n. m. **1.** J'ai reçu un check de cent dollars. ☞ J'ai reçu un *chèque* de cent dollars. **2.** Fais un check devant les noms. ☞ Fais *une marque...*

check-up n. m. Aller à la clinique pour un check-up. ☞ Pour un *examen médical.*

checking account n. m. Déposer de l'argent dans son checking account. ☞ dans son *compte-chèque.*

checklist n. f. Préparer une checklist pour les dépenses prévues de voyage. ☞ Préparer une *liste de contrôle...*

checkpoint n. m. Il y a plusieurs check points le long de la frontière. ☞ plusieurs *points de contrôle...*

cheesecloth n. m. Se servir d'un cheesecloth pour filtrer le jus. ☞ Se servir d'*une étamine* [*à filtre*], d'une *toile filtrante...*

chèque en blanc n. m. On lui a donné un chèque en blanc pour organiser la fête. ☞ On lui a donné *carte blanche...* f. [le fr. st. accepte : chèque en blanc = chèque signé sans indication de somme.]

chess n. m. Aimer jouer une partie de chess. ☞ une partie *d'échecs.*

chest n. m. Mettre ses bijoux, ses vêtements dans un chest. ☞ dans un *coffre*, dans *une caisse*.

chesterfield n. m. ☞ *Canapé, Sofa, Divan*.

chewing gum n. m. ou f. ☞ *Gomme à mâcher* f.

chibaigne n. f. Toute la chibaigne est arrivée. ☞ Toute la *parenté, famille, tout le groupe...*

chicken feed n. m. ☞ *Somme dérisoire* f.

chickenpox n. m. ☞ Le chickenpox est fréquent chez les enfants. ☞ *La varicelle...*

chickpea n. m. Se servir de chickpeas pour faire de la soupe. ☞ Se servir de *pois chiches...*

chiller n. m. As-tu vu le film Dracula? C'est un chiller. ☞ As-tu vu Dracula? C'est un *film d'horreur*.

chime [tʃajm] n. m. Faire installer un door chime. ☞ un *carillon de porte*.

china cabinet n. m. **1.** S'acheter un china cabinet pour y exposer sa collection de porcelaine. ☞ S'acheter *une vitrine...* **2.** Avoir un beau china cabinet pour sa vaisselle. ☞ un beau *dressoir...*

chinatown n. m. Winnipeg a son chinatown. ☞ son *quartier chinois*.

chinaware n. m. Elle s'est acheté un service de chinaware. ☞ un service de *porcelaine*.

chip n. m. ou f. **1.** Aimer manger des chips. ☞ des *croustilles*. **2.** Des chips pour le jeu de bingo. ☞ Des *jetons...* m.

chipmunk n. m. Apprivoiser un chipmunk. ☞ un *suisse* ©, *un tamia*.

chive n. m. Répandre du chive sur la soupe. ☞ Répandre *de la ciboulette...*

chlorine n. f. Mettre de la chlorine dans l'eau de la piscine. ☞ *du chlore...*

chocolate chips n. m. Ce gâteau demande des chocolate chips. ☞ Ce gâteau demande des *pépites de chocolat* f.

choke n. m. Les voitures ont aujourd'hui un choke automatique. ☞ un *étrangleur*. [le fr. st. accepte aussi : *Starter* [star tər].

chokecherry n. f. ☞ *Cerise à grappes, Cerise sauvage*.

chops n. m. ou f. Des lamb chops. ☞ Des *côtelettes d'agneau* f.

chum n. m. Mon chum est venu avec moi. ☞ Mon *ami, copain* est venu avec moi.

chumer v. intr. Chumer avec quelqu'un depuis des années. ☞ *Être ami* avec quelqu'un...

chunk n. m. Des chunks d'ananas. ☞ Des *morceaux* d'ananas.

cinnamon n. m. Des brioches au cinnamon. ☞ Des brioches *à la cannelle* f.

citron n. m. J'ai acheté une voiture; c'est un citron. ☞ [fr. fam.] une *minoune*, un *bazou*, un *tacot*, une *chignole*.

clapboard n. m. Employer du clapboard pour le revêtement extérieur d'une maison. ☞ de la *planche imbriquée,* du *bardeau*...

clair adj. Faire un profit clair de cinq cents dollars. ☞ un profit *net*...

clam n. m. On met des clams dans la bouillabaisse. ☞ On met des *palourdes*... f.

clam chowder n. m. Servir du clam chowder. ☞ *de la soupe* [épaisse] *de palourde*.

clampe n. f. Se servir d'une clampe pour tenir deux planches ensemble. ☞ Se servir d'*un crampon*, une *attache*, une *pince*...

clapboard n. m. Employer du clapbord pour le revêtement extérieur d'une maison. ☞ de la *planche imbriquée*…

clash n. m. Il y a eu un clash entre les deux femmes. ☞ un *désaccord*, un *affrontement*…

classe [**première**] loc. Acheter un mobilier de première classe. ☞ de première *qualité.*

classifier v. tr. Classifier les fiches. ☞ *Classer* les fiches.

clean-up n. m. La police a fait tout un clean-up en arrêtant les Hell's Angels. ☞ tout *un nettoyage*…

cleaner v. tr. 1. Cleaner l'évier. ☞ *Nettoyer*… 2. Se faire cleaner au poker. ☞ *Perdre tout son argent* au poker.

clef n. f. Les clefs de ma machine à écrire ne fonctionnent plus. ☞ Les *touches*…

click n. m. La porte s'est refermée avec un click. ☞ un *déclic.*

climax n. m. Le climax du film est captivant. ☞ Le *point culminant*… 2. Le climax de sa carrière. ☞ *L'apogée*…

clip n. m. Se servir d'un clip pour retenir des pages ensemble. ☞ Se servir d'*une trombone*, d'*une agrafe*…

cliper [klipe] v. tr. Aller se faire cliper les cheveux. ☞ se faire *tondre*…

cliper [klipər] n. m. Un cliper pour tondre les cheveux. ☞ *Une tondeuse*…

cliquer 1. v. intr. Le nouveau produit a bien cliqué auprès de la clientèle. ☞ a bien *marché*… 2. v. tr. Cliquer des talons. ☞ *Claquer*…

cloche d'alarme n. f. Entendre la cloche d'alarme. ☞ la *sonnerie* d'alarme.

clockwise adv. Il faut distribuer les cartes clockwise. ☞ *dans le sens des aiguilles [d'une montre].*

cloning. n. m. On a procédé au cloning chez les moutons. ☞ au *clonage...*

closette n. f. **1.** Remiser des vêtements dans la closette. ☞ Remiser des vêtements dans *l'armoire, le placard.* **2.** Aller à la closette. ☞ *aux toilettes.*

clot [blood] n. m. ☞ *Caillot de sang.*

cloth [J] ® n. m. ☞ Se servir d'un J cloth pour nettoyer. ☞ Se servir d'un *chiffon* [J]...

clove n. m. Ajouter du clove dans la farce. ☞ Ajouter du *clou de girofle...*

cloverleaf 1. n. m. Pour se rendre à Lourdes, il faut prendre le cloverleaf après la rue Hambard. ☞ *l'échangeur,* le *croisement en trèfle...* **3.** Le cloverleaf est signe de chance. ☞ *La feuille de trèfle* est...

club n. m. Faire partie du club de football. ☞ de l'*équipe…*

club sandwich n. m. ☞ *Sandwich mixte, Sandwich club.*

clubhouse n. m. Le terrain de golf a un clubhouse. ☞ un *pavillon.*

clutch n. f. Mettre la clutch au point mort. ☞ *l'embrayage...*

coach n. m. Le coach de hockey. ☞ *L'entraîneur* de hockey.

coacher v. tr. ou intr. Coacher les joueurs. ☞ *Entraîner* les joueurs.

coarse adj. Une étoffe, une personne coarse. ☞ *grossière.*

coat n. m. Un coat d'hiver. ☞ Un *manteau*, Un *pardessus*...

coaxer v. tr. Coaxer quelqu'un pour faire quelque chose. ☞ *Enjôler, Cajoler* quelqu'un...

cobette f. Remiser des manteaux dans la cobette. ☞ dans *le placard, l'armoire, le garde-robe*.

cocaine addict n. m. ☞ *Cocaïnomane*.

cockpit n. m. Il est interdit aux voyageurs d'entrer dans le cockpit. ☞ d'entrer dans le *poste de pilotage*.

cocktail [fruit] n. m. Servir un fruit cocktail. ☞ *une salade de fruits, une macédoine [de fruits]*.

cocky adj. C'est un garçon cocky. ☞ *effronté, impudent, arrogant*.

cocoa n. m. Un gâteau au cocoa. ☞ au *chocolat*, au *cacao*.

coconut n. m. Garnir un gâteau avec du coconut. ☞ avec *de la noix de coco*.

cod n. m. Le cod est un poisson délicieux. ☞ *La morue*...

code criminel n. m. Un délit sanctionné par le code criminel. ☞ *sous le code pénal*.

coffee shop n. m. ☞ *Café-restaurant* m.

coffee table n. f. ☞ *Table basse*.

coke n. m. Boire un coke. ☞ un *coca* [fr. fam.].

cold sore n. m. Après m'être débarassé du rhume, j'ai maintenant un cold sore. ☞ un *bouton de fièvre*.

cold turkey loc. La meilleure façon, c'est d'arrêter de fumer cold turkey. ☞ c'est d'arrêter de fumer *d'un seul coup*.

coleman ® n. m. ☞ *Réchaud de camping* ou *Réchaud*.

cole slaw n. m. Mettre de la mayonnaise dans le cole slaw. ☞ dans *la salade de chou*.

collarbone n. m. ☞ *Clavicule*.

collect call n. m. ☞ *Un appel à frais virés*.

collecter v. tr. **1.** Collecter des timbres. ☞ *Collectionner...* **2.** Collecter de l'information. ☞ *Recueillir...* **3.** Collecter des preuves. ☞ *Rassembler...* **4.** Collecter de la poussière. ☞ *Amasser...* **5.** Collecter des taxes. ☞ *Percevoir...* [le fr. st. accepte : *collecter* des fonds, des informations, du lait, etc.] **6.** Collecter les vidanges. ☞ *Ramasser...*

collecteur n. m. **1.** Collecteur de timbre. ☞ *Collectionneur...* **2.** Collecteur d'impôts. ☞ *Percepteur...*

combinaison n. f. Il fait froid; c'est le temps de mettre nos combinaisons d'hiver. ☞ nos *sous-vêtements...* m.

combine n. f. **1.** La machine à battre a été remplacée par la combine. ☞ par la *moissonneuse-batteuse*. **2.** Voir **combinaison**.

combiner v. tr. ou intr. Combiner le blé. ☞ *Moissonner* le blé.

come on v. interj. Come on! un peu d'effort. ☞ *Allons!* un peu d'effort.

comiques n. m. pl. Aimer les comiques dans le journal. ☞ Aimer les *bandes dessinées...* f.

commerciaux n. m. Je déteste les commerciaux à la télévision. ☞ les *annonces publicitaires...* f.

commission des liqueurs n. f. *Régie des alcools*.

commissioner v. tr. La toile que je viens de terminer m'a été commissionnée par un ami d'Ottawa. ☞ m'a été *commandée...*

compact n. m. Elle a apporté son compact dans son sac à main. ☞ son *poudrier*...

compact disc [cd] [sidi] n. m. ☞ *Disque compact* [CD] = [sede].

compas n. m. Sers-toi du compas pour retrouver ta direction. ☞ *de la boussole*...

compléter v. tr. Compléter un formulaire. ☞ *Remplir*...

compliment [**payer un**] loc. Il m'a payé un compliment. ☞ Il m'a *fait* un compliment.

compliments de la saison [formule de souhaits] ☞ *Joyeuses fêtes.*

composeur n. m. Composeur de musique. ☞ *Compositeur* de musique.

compost n. m. Répandre du compost dans le potager. ☞ du *terreau*...

compressé adj. De l'air compressé. ☞ De l'air *comprimé.*

computer [inform.] n. m. ☞ *Ordinateur.*

concerner v. tr. **1.** Ce rapport ne vous concerne pas. ☞ ne vous *regarde* pas, *n'est pas de vos affaires.* **2.** Les personnes concernées. ☞ *intéressées.* **3.** J'étais très concerné par sa maladie. ☞ *inquiet, préoccupé*... [le fr. st. accepte : Cet héritage me *concerne.* = m'intéresse.]

concert hall n. m. ☞ *Salle de concerts* f.

concrete n. m. ☞ *Béton.*

concussion cérébrale n. f. ☞ *Commotion cérébrale.*

condamné [**pour la vie**] loc. Être condamné pour la vie. ☞ Être condamné *à perpétuité.*

condition n. f. Ma voiture est en bonne condition. ☞ en *bon état* m.

condo n. m. Je me suis acheté un condo. ☞ un *appartement en copropriété*, un *condominium*.

conducteur n. m. Le conducteur du train m'a demandé mon billet. ☞ Le *chef de* train...

cone d'ice cream n. m. ☞ *Cornet de glace, de crème glacée.*

confortable 1. n. m. Avoir un confortable pour le lit. ☞ *édredon...* **2.** adj. Nous sommes confortables dans ce fauteuil. ☞ *Ce fauteuil est confortable.* **3.** Je suis confortable dans cette robe. ☞ Je suis *à l'aise* dans cette robe. **4.** C'est si confortable ici. ☞ *On se sent si bien* ici.

comforteur n. m. Le lit a un conforteur. ☞ un *édredon*, une *courtepointe*.

confus v. tr. Ils vont nous rendre tout confus avec leurs règlements. ☞ Ils vont nous *embrouiller...* [le fr. st. accepte : Je suis tout *confus*, embarrassé, troublé de mon erreur.]

connaissance [**au meilleur de ma**] loc. Au meilleur de ma connaissance, il n'est pas revenu. ☞ *Autant que je sache...*

connecter v. tr. **1.** Connecter deux fils électriques. ☞ *Joindre...* **2.** Voulez-vous me connecter avec le recteur? ☞ Voulez-vous me *mettre en communication* avec le recteur? **3.** Ils vont venir connecter l'eau. ☞ connecter *les conduits d'*eau, *raccorder les conduits d'*eau. **4.** Connecter le téléphone. ☞ *Brancher...*

connexion n. f. **1.** Notre avion était en retard; nous avons manqué notre connexion. ☞ *correspondance.* **2.** La connexion des deux tuyaux. ☞ *Le branchement, L'abouchement...* **3.** Avoir des connexions au gouvernement. ☞ des *relations*, de l'*influence...*

conservateur adj. Le ministre des Finances a avancé des chiffres conservateurs quant au progrès de notre économie. ☞ chiffres *prudents, modérés...*

constituant n. m. Un député doit rendre des comptes à ses constituants. ☞ *commettants, électeurs.*

contact lens n. f. ☞ *Lentilles* f., *Verres de contact* m.

contacter v. tr. **1.** Contacter quelqu'un par téléphone. ☞ *Joindre, Entrer en contact avec...* **2.** Contacter quelqu'un. ☞ *Rencontrer* quelqu'un.

container [kɔntenǝr] n. m. Les containers arriveront au port demain. ☞ Les *conteneurs...*

contracteur n. m. Le contracteur pour un édifice. ☞ *L'entrepreneur* pour un édifice.

contrôler v. tr. Un bouton qui sert à contrôler le son. ☞ à *régler* le son.

convertible adj. ou n. f. S'acheter une voiture convertible. ☞ S'acheter une *décapotable.*

cook n. m. ou f. Le cook est en retard ce matin. ☞ Le *cuisinier* est en retard.

cookerie [kukri] n. f. Faire la cookerie. ☞ Faire la *cuisine.*

cookie cutter n. m. Avoir besoin d'un cookie cutter pour faire des biscuits de fantaisie. ☞ un *emporte-pièce...*

cool adj. **1.** Une personne cool. ☞ Une personne *détendue, calme, relaxe.* **2.** Du jazz cool. ☞ Du jazz *aux sonorités douces.* **3.** Tes vêtements font cool. ☞ Tes vêtements *sont à la mode.*

cooler n. m. Apporter un cooler en pique-nique. ☞ Apporter *une glacière...*

coordiner v. tr. Il faut coordiner les activités. ☞ *coordonner...*

cope [kɔp] n. f. Ça ne vaut pas une cope. ☞ *un sou,* Ça ne vaut *rien.*

copiage n. m. Un article qui n'est que du copiage. ☞ qui n'est que du *plagiat.*

copie n. f. Acheter trois copies d'un livre. ☞ Acheter trois *exemplaires... m.*

coq-l'œil adj. ou n. ☞ *Borgne, Loucheur, Bigle.*

corduroy n. m. Un pantalon en corduroy. ☞ en *velours côtelé.*

corn beef n. m. ☞ Bœuf salé.

corn flake n. m. Pour le petit déjeuner, nous mangeons du corn flake. ☞ *des flocons de maïs.*

cornmeal n. m. ☞ *Semoule de maïs.* f.

corn on the cob n. m. Servir du corn on the cob. ☞ *des épis de maïs.*

cornstarch n. f. ou m. ☞ De la *fécule de maïs.*

correct adj. Comment vas-tu? Correct. ☞ *Ça va bien.* [le fr. st. accepte : une tenue *correcte,* un salaire *correct.*]

coton à fromage n. m. ☞ *Étamine* [*à fromage*] *f., Toile à fromage* f.

cottage n. m. *Chalet* © ☞ *Maison de campagne* f.

cottage cheese n. m. ☞ *Fromage au lait caillé, Fromage blanc (égoutté).*

cotteur [ou **cutter**] n. m. Aller au village en cotteur. ☞ en *traîneau.*

counter clockwise adv. Au jeu de balle molle, les joueurs courent counter clockwise. ☞ *dans le sens inverse* [*ou contraire*] *des aiguilles.*

county n. m. Il se présente comme candidat dans le county de Provencher pour les prochaines élections. ☞ dans *la circonscription...*

couper les dépenses loc. ☞ *Réduire* les dépenses.

couple [**une couple de**] loc. Dans une couple de jours le travail devrait être fini. ☞ Dans *quelques, deux...*

cour à bois n. f. ☞ *Dépôt de bois d'œuvre et de construction* m.

cour criminelle n. f. ☞ *Cour d'assises.*

cour martiale n. f. Le soldat a dû comparaître devant la cour martiale. ☞ devant *le conseil de guerre.*

coutellerie n. f. Recevoir une coutellerie de douze couteaux, fourchettes et cuillères d'argent. ☞ Recevoir douze *couverts* d'argent. [le fr. st. accepte : Il y a près d'ici une *coutellerie* pour la fabrication des couteaux.]

couvert n. m. **1.** Le couvert d'un livre. ☞ *La couverture...* **2.** Le couvert de la marmite. ☞ Le *couvercle...* [le fr. st. accepte : Mettre le *couvert* = tout ce dont on couvre une table avant le repas tels que couteaux, fourchettes, etc.]

couvrir v. tr. Comme inspecteur, avoir une grande région à couvrir. ☞ Une grande région à *parcourir.*

cover-up n. m. ou v. tr. Le maire a été accusé de tentative de cover-up dans le rôle qu'il a joué dans ce scandale. ☞ Le maire a été accusé de *tenter de cacher, d'étouffer,* de *dissimuler* le rôle...

coverage n. m. Vous pouvez obtenir un coverage de la Blue Cross pour annulation ou interruption de voyage. ☞ obtenir *une couverture...*

crabmeat n. m. ☞ *Chair de crabe* f.

cracker [kr a k ə r] n. m. ☞ *Craquelin.*

crackling n. m. En examinant mes poumons, le médecin a entendu du crackling. ☞ du *craquement*, du *crépitement*.

cramper v. tr. ou intr. Cramper une voiture à droite. ☞ *Tourner, Faire dévier*...

cranberry n. m. Une sauce de cranberry avec la dinde. ☞ Une sauce de *canneberge*... f.

crane [krɛn] n. f. ou m. Employer une crane pour soulever les débris du train. ☞ une *grue*...

craque n. f. 1. Une craque dans le mur. ☞ Une *fente*... 2. Une craque dans le miroir. ☞ Une *fêlure*... 3. La terre est pleine de craques. ☞ *crevasses* f. 4. Regarder par la craque de la porte. ☞ *l'entrebâillement*... m. 5. Des craques dans le verni. ☞ Des *craquelures*... f.

craqué adj. 1. Être craqué. ☞ Être *fou, imbécile*. 2. Le vase est craqué. ☞ *fêlé*.

crash n. m. Un crash d'avion. ☞ Un *écrasement*...

crasher [kraʃe] v. tr. ou intr. 1. Une voiture qui crash dans un camion. ☞ Une voiture qui *percute un* camion. 2. Une voiture qui crash contre un arbre. ☞ Une voiture qui *percute* contre un arbre. 3. Paul est venu crasher chez moi. ☞ *dormir* chez moi.

crawler [krɔle] v. intr. Crawler sous la voiture. ☞ *Ramper, Se traîner* sous la voiture.

cream puff n. m. ☞ *Chou à la crème*.

créditeur n. m. Un créditeur malhonnête. ☞ Un *créancier*...

crématiser v. tr. Il veut que son corps soit crématisé. ☞ *incinéré*.

crématoire n. m. [le mot évoque généralement les

camps d'extermination nazis] Les cendres du défunt seront déposées dans le crématoire. ☞ *crématorium* [terme plus technique et plus neutre].

crème à la glace n. f. Prendre une crème à la glace pour se rafraîchir. ☞ une *glace*...

crémerie n. f. Nous avons à Lourdes une des seules crémeries du Manitoba [c'est-à-dire un lieu où l'on fait ou conserve le beurre]. ☞ une des seules *beurreries*... [le fr. st. accepte : *Crémerie* = Magasin où l'on vend des produits laitiers.]

crew n. m. Le crew est arrivé pour colmater la fuite d'eau. ☞ *L'équipe*... f.

crime stopper n. m. Un quartier protégé par l'organisation de crime stoppers. ☞ l'organisation *d'échec au crime*.

crinque n. f. Une crinque pour l'horloge. ☞ Une *manivelle*...

crinqué adj. Être tout crinqué. ☞ *excité, énervé, en colère*.

crinquer 1. v. tr. Crinquer l'horloge. ☞ *Remonter* l'horloge. **2.** v. intr. Il faut crinquer à sa santé. ☞ *trinquer* à sa santé.

crique n. m. Un crique près de la maison. ☞ Un *ruisseau*, Un *cours d'eau*...

crisp adj. Aimer les biscuits qui sont crisps. ☞ *croustillants*.

croche 1. adj. Un homme croche. ☞ *malhonnête*. **2.** adj. La ligne est croche. ☞ *tordue*. **3.** n. m. Le chemin fait un croche. ☞ *une courbe, une déviation*.

crockpot [slow cooker] n. m. Faire cuire un rôti dans un crockpot. ☞ dans *une mijoteuse*.

croque n. m. Va me chercher le croque de beurre.
☞ le *pot...*

crossing n. m. Un crossing de chemin de fer.
☞ *passage à niveau...*

crossword puzzle n. m. Les crossword puzzles sont
un bon divertissement. ☞ Les *mots croisés...*

crowbar n. m. Défoncer une porte avec un crowbar. ☞ avec un *pied-de-biche, arrache-clou,
pince-monseigneur, levier coudé.*

crowd n. f. Il y avait toute une crowd à la soirée.
☞ une *foule...*

cruise n. f. Comme j'aimerais aller en cruise dans
les mers du sud. ☞ *aller en croisière...*

cruiser v. tr. ou intr. Aller cruiser au Market
Square. ☞ *draguer...* [fam.] = chercher à lier
connaissance avec quelqu'un en vue d'une
aventure galante.

cruise control n. m. Pour éviter d'aller trop vite,
j'emploie le cruise control. ☞ le *régulateur de
contrôle de vitesse.*

crunchy adj. Une texture crunchy. ☞ *croquante.*

crush n. m. Avoir un crush pour quelqu'un. ☞ un
béguin...

crushed adj. Des ananas crushed. ☞ *broyés.*

crusher [krɔʃər] n. m. Celui qui vend du gravier
a besoin d'un crusher pour briser la pierre.
☞ d'un *concasseur...*

cuff n. m. **1.** La mode n'est plus aux cuffs pour les
pantalons. ☞ aux *revers* m., aux *ourlets...* m.
2. Les cuffs de ma chemise. ☞ Les
manchettes... f.

cuillérée à table n. f. ☞ Cuillérée à *soupe.*

cupcake pan n. m. ☞ *Moule à petits gâteaux.*

curb n. m. En bicyclette, je roule à une bonne distance du curb pour éviter les bouches d'égout. ☞ de la *bordure* [*du trottoir* / *de la chaussée*].

curfew n. m. Le maire a imposé un curfew. ☞ un *couvre-feu*.

curlers n. m. Elle se sert de curlers pour se friser les cheveux. ☞ de *bigoudis...*

curly adj. Ses cheveux sont curly. ☞ *bouclés*.

currant n. m. ☞ *Raisin*.

curriculum n. m. Son curriculum est chargé. ☞ Son *programme d'études...*

curve n. f. Les voitures se sont frappées dans la curve. ☞ dans la *courbe*.

custard n. f. Préparer de la custard pour dîner. ☞ de la *crème anglaise, un flan...*

customer n. m. C'est un bon customer. Il achète une voiture chaque année. ☞ un bon *client*.

customer parking n. m. ☞ *Stationnement réservé aux clients*.

cute adj. Une fille cute. ☞ *attirante, mignonne, belle*.

cutter n. m. ☞ *Traîneau*.

cyste n. m. On doit lui extraire un cyste du poumon. ☞ un *kyste...*

D

dad n. m. Dad, est-ce que je pourrais emprunter ta voiture? ☞ *Papa...?*

daffodil n. f. Un joli bouquet de daffodils. ☞ de *jonquilles.*

dainties n. f. ou m. ☞ *Gâteries* © f., *Pâtisseries délicates* f.

dandruff n. m. Ses cheveux sont couverts de dandruff. ☞ de *pellicules* f.

dam n. m. Construire un dam pour la dérivation des eaux. ☞ un *barrage, une digue...*

danse carrée n. f. Nous sommes quatre pour la danse carrées. ☞ *le quadrille.*

dart n. f. S'acheter un jeu de darts. ☞ de *fléchettes.*

date [d e t] n. f. Avoir une date avec son amie. ☞ *un rendez-vous...*

date [à] loc. À date nous avons reçu deux dollars. ☞ *Jusqu'à présent, À ce jour...*

day care n. m. **1.** Placer son enfant au day care. ☞ *à la garderie.* **2.** [pour personnes âgées] n. m. ☞ *Centre gériatrique.*

daylight saving time n. m. ☞ *Heure avancée, Heure d'été* f.

dead-end n. m. Cette rue conduit à un dead-end. ☞ à un *cul-de-sac, une impasse.*

deadline n. m. Le deadline pour terminer ce travail est lundi prochain. ☞ *La date limite...*

deal n. m. Faire un deal avec un quelqu'un. ☞ un *marché...*

dealer [dilər] n. m. **1.** Le dealer nous a vendu une voiture. ☞ Le *vendeur,* Le *marchand...* **2.** [jeu de cartes] Tu es le dealer. ☞ le *donneur.*

dealer [dile] C'est très difficile de dealer avec ce marchand. ☞ difficile de *composer...*

debit card n. f. Se servir de sa debit card pour payer ses emplettes. ☞ Se servir de sa *carte de débit, carte de paiement...* [*débit* signifie ce que l'on doit, contrairement à *crédit*].

décade n. f. La dernière décade a été très prospère. ☞ *décennie...*

décidé p. p. L'affaire est décidée. ☞ est *réglée.*

deck n. m. **1.** Nous allons construire un deck devant la maison. ☞ *une terrasse...* **2.** [pour les cartes] Acheter un deck de cartes comme cadeau. ☞ un *jeu de cartes...*

dedans 1. adv. Il a gagné la course en dedans de trois heures. ☞ en *moins* de... **2.** [vx fr.] prép. Mets l'objet dedans la boîte. ☞ *dans...* [le fr. st. accepte : Il fait froid dehors comme *dedans.* adv.]

deepsea diver n. m. ☞ *Scaphandrier.*

défaire v. tr. Défaire un projet de loi. ☞ *Rejeter...* [le fr. st. accepte : *défaire* un lit, *défaire* un tricot, *défaire* l'ennemi.]

définitivement adv. Elle est définitivement plus intelligente que son frère. ☞ Elle est *indéniablement, indiscutablement, certainement* plus intelligente...

defroster [d i f r ɔ s t ə r] n. m. La vitre est couverte de givre. Nous avons besoin d'un defroster. ☞ un *dégivreur*.

délai n. m. **1.** Nos visiteurs arriveront avec un délai de 15 jours. ☞ un *retard*... **2.** On prédit des délais possibles jusqu'en juin prochain à cause de la construction du pont Provencher. ☞ des *ralentissements*... **3.** Avec aussi peu de délais possibles. ☞ *Dans les plus brefs* délais. [le fr. st. accepte : Venez me voir sans *délai*.]

delicatessen n. m. ☞ *Plats cuisinés* m., *Épicerie fine* f., *Charcuterie* f.

délivrer v. tr. **1.** Délivrer le courrier. ☞ *Distribuer*... **2.** Délivrer un discours. ☞ *Prononcer*... **3.** Délivrer un message. ☞ *Remettre*... **4.** Nous délivrons le lait tous les jours. ☞ *livrons*... [le fr. st. accepte : *Délivrer* un prisonnier = libérer.]

demandant[e] adj. Un patron très demandant. ☞ *exigeant*.

demander [une question] loc. Le professeur m'a demandé une question difficile. ☞ Le professeur m'a *posé* une question difficile.

déménager v. intr. Nous allons déménager dans notre nouvelle maison. ☞ Nous allons *emménager dans*... [le fr. st. accepte : Nous détestons cette maison; nous allons *déménager*.].

dent [d ɛ n t] n. m. Il y a un dent dans le pare-choc. ☞ Le pare-choc est *bosselé, cabossé*.

déodorant n. m. Se servir de déodorant contre les odeurs. ☞ de *désodorisant*...

département n. m. Dans un grand magasin, le département des manteaux. ☞ le *rayon*...

dépendant n. m. Son salaire n'est pas suffisant étant donné qu'il a trois dépendants. ☞ trois *personnes à charge* f.

dépendant de loc. J'irai avec toi dépendant de mon état de santé. ☞ *selon* mon état de santé.

dépendre v. intr. Je dépends sur lui. ☞ Je *compte* sur lui.

déploguer v. tr. Déplogue le fil de rallonge. ☞ *Débranche* le fil de rallonge.

dépressant[e] adj. Le temps gris est très dépressant. ☞ *déprimant*.

dépressé[e] adj. Être dépressé après une maladie. ☞ *déprimé*...

dés [chargés] loc. S'il a gagné les élections, c'est que les dés étaient chargés. ☞ les dés étaient *pipés*.

désettlé[e] adj. Une horloge désettlée. ☞ *déréglée*.

design n. m. Il s'intéresse au design. ☞ au *stylisme* m., *à l'esthétique industrielle* f.

déstoquer v. tr. Aider à déstoquer une voiture. ☞ *déprendre, dépanner*...

déterrent n. m. Il semblerait que la peine capitale n'exerce pas un effet de déterrent contre le crime. ☞ un *effet de dissuasion*...

device n. m. ☞ *Dispositif*.

dévoiler v. tr. Dévoiler un monument. ☞ *Inaugurer*...

dial tone [téléphone] n. m. Écouter pour le dial tone. ☞ *la tonalité*.

dialer v. tr. Je vais dialer son numéro de téléphone pour toi. ☞ *composer*...

dialisis n. ☞ *Dialise* f.

diamond [sport] n. m. Le diamond où se joue le baseball. ☞ Le *losange*...

diary n. m. Tenir un diary. ☞ un *journal*.

diced adj. Tomates diced. ☞ *coupées en dés*.

dietician n. m. ou f. ☞ *Diététiste ©, Diététicien[ne]*.

digitaliser v. tr. Digitaliser des données, de la musique à l'ordinateur. ☞ *Numériser...*

dill pickles n. m. ☞ *Cornichons à l'aneth, au fenouil*.

dim 1. v. tr. Lorsqu'on rencontre une voiture, il faut dimmer les lumières. ☞ il faut *se mettre en code*. 2. v. tr. Au théâtre, il faut parfois dimmer les lumières. ☞ il faut parfois *baisser* les lumières. 3. n. m. Lorsqu'on rencontre une voiture il faut mettre les dims [low beams]. ☞ *les feux de croisement*.

dinghy [**collapsible**] n. m. ☞ *Canot pneumatique*.

dip n. m. Un dip dans lequel on trempe des crudités. ☞ *Une trempette...*

dipper [dĭpər] n. m. Se servir d'un dipper pour boire de l'eau. ☞ *d'une louche...*

discarter v. tr. [jeu de cartes] 1. Comme je ne pouvais pas fournir la couleur demandée, j'ai discarté une carte d'une autre couleur. ☞ *je me suis défaussé d'*une carte... 2. Tu dois discarter trois cartes de ton jeu. ☞ *écarter...*

discompte n. m. Promettre un discompte de 20 %. ☞ un *escompte, rabais...*

disconnecter v. tr. 1. Disconnecter la télévision. ☞ *Débrancher...* 2. Disconnecter l'électricité. ☞ *Disjoncter, Déconnecter, Couper...* 3. Disconnecter l'eau, le gaz. ☞ *Couper...*

discount n. m. Un discount de 5 %. ☞ Un *escompte...*

discriminé p. p. Je suis discriminé contre parce que je suis français. ☞ Je suis *victime de discrimination* parce que...

dish antenna n. f. ou m. ☞ *Antenne parabolique* f., *Parabole* f.

dishwasher n. m. On lave plus vite la vaisselle avec un dishwasher. ☞ un *lave-vaisselle*.

display n. Une voiture en display. ☞ en *exposition* f.

disposable adj. Un rasoir disposable. ☞ *jetable*.

disqualifier v. tr. [emploi] Son manque d'expérience ne le disqualifie pas. ☞ Son manque d'expérience ne l'*élimine pas d'office, n'est pas rédhibitoire*. [le fr. st. accepte *disqualifier* dans un contexte sportif : il est *disqualifié* d'une compétition. Par extension le fr. st. accepte *disqualifier* = faire perdre le crédit, la considération à quelqu'un qui s'est rendu coupable d'un manquement aux responsabilités liées à son emploi].

dissatisfait[e] adj. Être dissatisfait de son travail. ☞ *mécontent, insatisfait...*

district n. m. Les différents districts de la ville. ☞ *quartiers...*

ditch n. f. Une voiture qui prend la ditch. ☞ *le fossé.*

diving board n. m. ☞ *Plongeoir.*

DNA n. [abrév. **deoxyribonucleic acid**] Test de DNA. ☞ *Test d'A.D.N.* [acide désoxyribonucléique] = Analyse de l'empreinte génétique.

dock n. m. Le bateau s'est approché du dock. ☞ du *quai.*

docteur n. Le docteur Raymond Laplume, professeur en éducation, en philosophie, etc. ☞ *Monsieur* Raymond Laplume, docteur en éducation, en philosophie, etc. [On doit faire suivre le nom de son titre et non le contraire.

Mais nous ferons précéder le nom par le grade pour le médecin. Ainsi : Je suis allé voir le docteur Duval.]

dodger [dɔdje] v. tr. Par un mouvement rapide, savoir dodger la balle. ☞ *éviter*...

doggy bag n. m. Au restaurant, lorsque je ne mange pas tout mon repas, je demande un doggy bag pour emporter ce qui reste. ☞ un *emporte-restes*...

dompe n. f. Apporter les déchets à la dompe. ☞ *au dépotoir*.

domper v. tr. **1.** Un garçon qui dompe sa petite amie. ☞ *laisse, quitte, abandonne*... **2.** Domper une charge de sable. ☞ *Vider, Décharger*...

dope n. f. Il se vend de la dope dans ce restaurant. ☞ de la *drogue*...

doper [dope] v. pron. Se doper. ☞ *Prendre de la drogue*.

doping n. m. Le doping est interdit dans les sports olympiques. ☞ Le *dopage*...

double-breast adj. J'aime les vestes double-breast. ☞ *vestes croisées*.

double-châssis n. m. L'hiver s'en vient. Il faut poser les doubles-châssis. ☞ les *contre-fenêtres* f.

double feature n. m. Nous sommes allés au cinéma qui présentait un double feature. ☞ qui présentait *deux longs métrages*.

double-porte n. f. Ferme la double-porte. Il fait froid. ☞ la *contre-porte*.

doubler [jeu de bridge] **1.** v. intr. Il a doublé mes trois piques. ☞ Il a *contré*... **2.** n. m. Take-out double. ☞ *Contre d'appel*. **3.** Penalty double. ☞ *Contre de pénalité*.

dove n. f. ☞ *Colombe.*

down payment n. m. Il m'a demandé un down payment de cent dollars. ☞ un *acompte*, un *premier versement...*

dragonfly n. m. Les dragonflies dévorent les moustiques. ☞ Les *libellules...* f.

drain n. m. **1.** Le drain de l'évier est bouché. ☞ Le *tuyau d'évacuation* de l'évier... **2. Brain drain** loc. Les médecins ne sont pas rémunérés comme ils le devraient. Il y a donc un brain drain. ☞ Il y a donc un *exode des cerveaux.*

drape n. m. ☞ *Rideau* m., *Tenture* f.

drastique adj. Une situation drastique. ☞ *draconienne.*

draw n. m. La partie s'est terminée par un draw. ☞ un *pointage égal.*

drawback n. m. Sa taille est un drawback pour lui. ☞ *désavantage...*

dredger n. m. Se servir d'un dredger pour creuser le fond d'un canal. ☞ Se servir d'une *drague...*

dresser n. m. Ranger son linge dans le dresser. ☞ *la commode*, le *chiffonnier.*

dressing n. m. L'infirmière m'a fait un dressing pour couvrir la plaie. ☞ m'a fait un *pansement...*

drill 1. [drĭj]n. f. Avoir besoin d'une drill pour percer un trou. ☞ une *perceuse...* **2.** [drĭl] n. m. Dans l'armée, il y a un drill tous les matins. ☞ *de l'exercice, une période d'exercice...*

driller [drile] v. tr. ou intr. Il faut driller un trou. ☞ Il faut *forer, percer...*

drink n. m. Prendre un *drink*. ☞ un *verre*, *une boisson*.

drive [sport] n. m. Son drive est droit au golf. ☞ Son *coup de départ*...

drive-in [théâtre] n. m. ☞ *Ciné-parc*.

drive-through restaurant n. m. ☞ *Restauvolant* ©, *Restaurant service à l'auto*.

driver n. m. Le driver de la voiture. ☞ *conducteur[trice]*...

driveway n. m. Stationne ta voiture dans le drive-way. ☞ dans *l'entrée* f., *la voie de garage*.

drizzle 1. n. m. On annonce du drizzle. ☞ *de la bruine*, du *crachin*. **2.** v. intr. Ça drizzle. ☞ Ça *bruine*, Ça *pleuvine*.

dropout n. m. Ce garçon est un dropout. ☞ un *décrocheur*.

dropper v. tr. Mon mari m'a droppée au magasin. ☞ *déposée*...

drug addict n. m. ☞ *Drogué*, *Toxicomane*.

drugstore n. m. Le drugstore est ouvert jour et nuit. ☞ La *pharmacie*... f.

drum n. m. Les drums couvraient la voix de l'artiste. ☞ Les *tambours*...

dry cleaning n. m. Envoyer des vêtements au dry cleaning. ☞ au *nettoyeur*, au *teinturier*, au *nettoyage à sec*.

dryer n. m. Dryer pour sécher le linge ou les cheveux. ☞ *Sécheuse* f., *Séchoir*... m.

dû p. p. L'avion était dû à midi, mais il a une heure de retard. ☞ L'avion *devait arriver* à midi... [le fr. st. accepte le p. p. du verbe *devoir* : J'ai *dû* demeurer à la maison.]

dubbing n. m. Pour enregistrer cette chanson,

nous avons employé le dubbing à grande vitesse. ☞ *la duplication.*

dug-out n. m. Nous avons creusé un dug-out pour les animaux. ☞ un *réservoir d'eau...*

dull adj. 1. Un temps dull. ☞ *maussade, gris.* 2. C'est dull de ne rien faire. ☞ *ennuyant...*

dumb adj. 1. Être dumb depuis sa naissance. ☞ *muet...* 2. Être trop dumb pour comprendre. ☞ *bête, stupide...*

dummy n. m. 1. Être le dummy au jeu de bridge. ☞ le *mort...* 2. C'est un dummy. ☞ un *sot,* un *nul.*

dump 1. n. m. Un hôtel qui est un dump. ☞ un *trou à rats.* 2. n. f. Aller jeter quelque chose à la dump. ☞ *au dépotoir.*

dumplings n. f. ou m. ☞ Nous avons dégusté des dumplings aux raisins. ☞ des *boulettes* [de pâte] aux raisins, des *raisins en pâte.*

duplex n. m. Nous habitons dans un duplex. ☞ dans *une maison jumelée, jumelle.*

dutch adv. J'accepte d'aller souper au restaurant, mais on y va dutch. ☞ mais *chacun paie pour soi.*

dye n. m. Se faire mettre un dye dans les cheveux. ☞ une *teinture...*

dyke n. f. Lors de l'ouragan Katrina, les dykes ont subi d'énormes brèches. ☞ les *digues...*

E

ear plug n. Se mettre des ear plugs dans les oreilles pour s'isoler du bruit. ☞ des *bouchons d'oreille...*

eardrum n. m. Les eardrums transmettent les vibrations sonores à l'oreille. ☞ Les *tympans...*

earring n. f. La mode est aux earrings. ☞ aux *boucles d'oreilles.*

eau bouillante loc. Avec toutes ses manigances, le voilà rendu dans l'eau bouillante. ☞ le voilà rendu dans *de beaux draps* [situation critique].

échelle d'extension n. f. Se servir de l'échelle d'extension pour rejoindre la toiture. ☞ l'*échelle coulissante...*

éditeur[trice] n. L'éditeur est celui qui est responsable de la qualité du journal. ☞ Le *rédacteur, Le directeur...* [le fr. st. accepte : L'*éditeur* publie et met en vente.]

éduqué adj. Il a son doctorat. Il est donc très éduqué. ☞ *instruit.* [le fr. st. accepte : Il a de bonnes manières, un bon comportement. C'est dire qu'il est *éduqué.*]

effectif [à partir de] loc. Cette loi devient effective à partir du 2 février. ☞ Cette loi *entre en vigueur le* 2 février.

egg n. m. **1.** Scrambled egg. ☞ *Œuf brouillé.* **2.** Boiled egg. ☞ *Œuf à la coque.* **3.** Poached egg. ☞ *Œuf poché.* **4.** Fried egg. ☞ *Œuf poêlé.* **5.** Sunny-side up. ☞ *Œuf au miroir.*

eggplant n. f. ☞ *Aubergine.*

egg roll n. m. ☞ *Pâté impérial.*

eggnog n. m. Dans ce restaurant on sert un eggnog délicieux. ☞ *lait de poule...*

EKG n. m. [abrév. **Electrocardiogram**] ☞ *ECG* [Électrocardiographie].

éléphant blanc n. m. Ce centre communautaire est un éléphant blanc. ☞ est *tout à fait inutile*, est *superflu, ne sert à rien.*

élévateur n. m. Prendre l'élévateur pour monter au cinquième étage. ☞ *ascenseur...* [le fr. st. accepte : *élévateur de grain.*]

e-mail n. m. Envoyer un e-mail. ☞ un *courriel, un courrier électronique.*

emcee n. m. ☞ *Maître de cérémonie.*

emergency n. m. ou f. L'emergency de l'hôpital. ☞ L'*urgence...* f.

emphase n. f. **1.** J'aime cet orateur. Il parle avec emphase. ☞ *énergie.* **2.** Mettre l'emphase sur ce mot important. ☞ Mettre l'*accent...* m. [le mot *emphase* est employé péjorativement et signifie : avec affectation outrée dans l'expression.]

emphatique adj. C'est de façon emphatique que le président nous encouragea à travailler pour notre pays. ☞ *énergique...* [voir **emphase**].

enamel n. m. Un plat en enamel. ☞ en *émail.*

énergétique adj. Il est très énergétique. ☞ très *énergique.*

engagement n. m. Deux jeunes qui fêtent leur engagement. ☞ *leurs fiançailles* f.

engin n. m. **1.** L'engin du train est très puissant. ☞ *La locomotive* du train est très puissante. **2.** L'engin de la voiture doit être réparé. ☞ *Le moteur...* [le fr. st. accepte : *engins* de guerre, *engins* de pêche, *engins* spatiaux.]

engraver v. tr. Il faut engraver son nom sur la pierre. ☞ *graver...*

enjoy v. tr. ou intr. **1.** Voici une boîte de beignes. Enjoy. ☞ *Délectez-vous.* **2.** Enjoyer une pièce de théâtre. ☞ *Bien aimer* ou *jouir d'une pièce de théâtre.* [Le verbe *jouir* employé seul et non suivi de la préposition *de* réfère au plaisir sexuel.]

enregistré[e] adj. Avoir reçu une lettre enregistrée. ☞ *recommandée.*

enregistrer v. tr. ou pron. S'enregistrer à l'hôtel. ☞ *S'inscrire sur le registre, Signer le registre...*

enregistreuse n. f. J'ai capté son discours sur mon enregistreuse. ☞ mon *magnétophone* m.

entertainment center n. m. Installer un nouveau enternainment centre dans la salle de séjour. ☞ un nouveau *système audio-visuel...*

entrepreneurship n. m. Devoir développer chez les jeunes l'entrepreneurship. ☞ l'*esprit d'entreprise.*

entrer [dans] loc. La voiture est entrée dans une camionnette. ☞ Sa voiture *a embouti* une camionnette.

entretenir v. tr. Il faut savoir entretenir les voisins lorsqu'on les invite. ☞ *divertir, amuser...* [le fr. st. accepte : *entretenir*, nourrir des espoirs.]

erreur [c'est mon] loc. ☞ *Je me suis trompé, J'ai tort.*

escalateur n. m. Prendre l'escalateur pour monter au deuxième étage. ☞ *l'escalier mécanique, roulant...*

esprit d'école loc. Les élèves de cette école étaient tous présents. Ils montraient ainsi leur esprit d'école. ☞ leur esprit *de corps.*

estate n. m. Son estate ira aux œuvres de charité. ☞ *Ses possessions, Sa fortune, Sa succession...*

estimé n. m. Donner un estimé pour la maison. ☞ *une estimation...*

être [**après**] loc. La police est après lui. ☞ Il est *recherché par la police* ou La police est *à ses trousses.* [le fr. st. accepte : Elle est toujours après ses enfants.]

être aux. [voix passive] On emploie incorrectement certains verbes tels que enseigner, dire, informer, affirmer, etc. à la forme passive, alors qu'ils doivent toujours être employés à la forme active. **1.** J'ai été enseigné par lui. ☞ *Il m'a enseigné.* **2.** J'ai été dit. ☞ *On m'a dit.* **3.** J'ai été informé que. ☞ *On m'a informé que.*

eulogie n. m. On m'a demandé de prononcer l'eulogie aux funérailles d'un ami. ☞ *l'éloge funèbre, le panégyrique...*

évaporé[**e**] adj. Acheter du lait évaporé. ☞ du lait *concentré* [il est d'ailleurs difficile d'acheter du lait à l'état de vapeur…]

even [**nombre**] adj. & n. Le chiffre deux est un nombre even. ☞ un nombre *pair.*

éventuel adj. Les profits éventuels sont allés à la charité. ☞ *finals...* [le fr. st. accepte : Les profits *éventuels* [possibles] iront à la charité.]

éventuellement adv. Éventuellement il est revenu. ☞ *Finalement...* [le fr. st. accepte : J'irai éventuellement [possiblement] à Vancouver.]

ex-officio n. m. Il fait partie du comité ex-officio. ☞ Il fait partie du comité *comme membre de droit.*

excitement n. m. Une nouvelle qui cause tout un excitement. ☞ *toute une excitation.*

exhaust pipe n. f. L'exhaust pipe de la voiture doit être remplacée. ☞ *Le tuyau [pot] d'échappement...*

exhibit n. m. Un pistolet présenté comme exhibit lors du procès. ☞ *pièce à conviction...* f.

exhibition n. f. Exhibition de peinture. ☞ *Exposition...* [le fr. st. accepte : *exhibition* de toilettes, *match-exhibition*, etc.]

exit n. m. Il y a un exit au bout du couloir en cas d'incendie. ☞ *une sortie...*

expériencer v. tr. 1. Il a expériencé le malheur. ☞ Il a *connu* le malheur. 2. Expériencer de lourdes pertes. ☞ *Connaître...* 3. Expériencer une grande joie. ☞ *Ressentir...* 4. Expériencer un mauvais traitement. ☞ *Subir...*

expériment n. m. Un expériment en laboratoire. ☞ *Une expérience...*

exploder v. in. La bombe a explodé. ☞ *explosé.*

express mail n. m. Envoi d'une lettre par express mail. ☞ par *courrier accéléré* m., par *messagerie prioritaire* f.

extension lamp n. f. J'ai besoin d'une extension lamp pour aller dans le trou noir. ☞ *lampe baladeuse...*

extension n. f. Avoir besoin d'une extension pour rejoindre la prise de courant. ☞ *d'un fil de rallonge...*

extra adj. **1.** Avez-vous du papier d'extra? ☞ du papier *supplémentaire?* **2.** J'ai gagné 20 $ d'extra. ☞ *de plus.* [le fr. st. accepte : Un gâteau *extra* = extraordinaire, très bien.] **3.** [jeu de cartes] Extra trick. ☞ *Levée supplémentaire.*

extrovert n. m. Il a de la facilité à entrer en relation avec les autres, il est extrovert. ☞ *extraverti* ou *extroverti.*

F

face n. f. La face du palais est jolie. ☞ La *façade*...

face-card [jeu de cartes] n. f. ☞ *Figure*.

face-lift n. m. **1.** Pour se rajeunir, elle s'est fait donner un face-lift. ☞ un *lissage*. **2.** Donner un face-lift à l'extérieur d'une maison. ☞ *Ravaler la façade* d'une maison. **3.** Donner un face-lift à l'intérieur d'une maison. ☞ *Retaper* une maison.

face-off [hockey] n. m. ☞ *Mise au jeu* f., *Remise en jeu* f.

facer v. tr. Facer une difficulté. ☞ *Faire face à*...

factrie n. f. Je travaille à une factrie de bonbon. ☞ *manufacture*...

fad n. f. Cette fad pour les garçons de porter des pendants d'oreilles va passer. ☞ Cette *mode*...

faillir v. tr. Faillir un examen. ☞ *Échouer à* un examen. [le fr. st. accepte : *Faillir* [dans le sens de *presque*] acheter une robe.]

fair adj. Un entraîneur qui n'est pas fair envers ses joueurs. ☞ *juste*...

faire certain loc. Il a fait certain que la porte était fermée avant de sortir. ☞ *Il s'est assuré que*...

faire sûr loc. Fais sûr de terminer ton travail. ☞ *Assure-toi*...

FEED

fake n. m. Un passeport qui est un fake. ☞ un *faux*.

fall ball [sport] n. f. ☞ *Fausse balle*.

family room n. f. ☞ *Salle de séjour, Salle familiale*.

fan n. m. ou f. **1.** Un fan pour aérer la cuisine. ☞ Un *ventilateur*... **2.** Apporter son fan pour s'aérer. ☞ *éventail*... **3.** Être une fan d'Elvis. ☞ une *admiratrice*...

fancy adj. **1.** Un costume fancy. ☞ *sophistiqué, tape-à-l'œil, recherché*. **2.** Des plats fancy. ☞ *compliqués*. **3.** Des articles fancy. ☞ articles *de luxe*.

farsighted adj. Il peut voir très loin; il est farsighted. ☞ il est *presbyte*.

fashion show n. m. ☞ Une *présentation de modèles* [ou de collections.], Un *défilé de mode*.

fast food n. m. Notre génération se satisfait de fast food. ☞ de *prêt-à-manger*, de *restauration-minute, rapide, cuisine-minute*, de *malbouffe* [fam.].

fausse alarme n. ☞ Fausse *alerte* f.

fax n. m. Envoyer un dessin par fax. ☞ par *télécopieur*. [certains linguistes acceptent *fax*, qui est l'abréviation du latin *facsimile*] [Sur des documents professionnels, lorsqu'on veut indiquer le numéro de télécopie, on inscrit la mention *télécopie, télécopieur* ou *téléc.*]

fee n. m. **1.** Quel est le fee pour consulter cet avocat? ☞ *les honoraires*... **2.** Payer un fee au conférencier. ☞ *cachet*... **3.** Les fees annuels de scolarité. ☞ *frais*... **4.** Il n'y a pas d'entrance fee. ☞ *L'entrée est gratuite*.

feed n. m. Du feed pour les animaux. ☞ De la *nourriture*, Du *fourrage*, Des *aliments*...

feed back n. m. Je n'ai pas encore eu de feed back de sa part. ☞ de *réaction*...

feeder [fidər] n. m. Un feeder automatique pour les poulets. ☞ *Une mangeoire automatique*...

feeler [file] v. intr. Feeler bien. ☞ *Se sentir* bien.

feeling n. m. **1.** Avoir le feeling que quelqu'un va arriver. ☞ *l'intuition*... f. **2.** Avoir un drôle de feeling. ☞ *sentiment* m. **3.** Ne pas pouvoir exprimer le feeling que l'on a éprouvé. ☞ *la sensation*... **4.** J'ai le feeling qu'il ne m'aime pas. ☞ *l'impression*... f.

fender n. m. Les fenders avant de sa voiture sont cabossés. ☞ Les *garde-boue*...

fern n. m. Les ferns enjolivent mon jardin. ☞ Les *fougères*...

ferry[-boat] n. m. Prendre le ferry pour traverser la rivière. ☞ le *traversier*...

fertilizer spreader n. m. S'acheter un fertilizer spreader pour répandre l'engrais. ☞ *distributeur d'engrais*, un *épandeur*...

fidèlement vôtre [formule de politesse en terminant une lettre] ☞ *Veuillez agréer l'expression de mes sentiments respectueux, les meilleurs, les plus reconnaissants.*

field [sport] n. m. Jouer [center, right, left] field. ☞ *Être voltigeur* [de *centre*, *droite*, *gauche*].

fièvre n. f. Avoir la fièvre des foins. ☞ *le rhume des foins.*

fight n. f. Avoir une fight avec quelqu'un. ☞ *dispute, bagarre, lutte*...

figurer v. tr. Figurer faire cent mille dollars avec une récolte. ☞ *Compter* faire...

filière n. f. Mettre des documents dans une filière. ☞ *un classeur.* [le fr. st. accepte : Passer par une *filière* pour devenir directeur = degrés d'une hiérarchie.]

fill her up loc. Mon réservoir d'essence est vide. Fill her up s'il vous plaît. ☞ *Le plein d'essence s.v.p.*

filling n. m. **1.** [dans une dent] Le filling qui est parti. ☞ *plombage...* **2.** [pour une tarte] Aimer un filling aux raisins. ☞ *une garniture...* **3.** Un chocolat avec un filling au café. ☞ Un chocolat *fourré* au café.

filling station n. m. ou f. ☞ Une *station-service*, Un *poste d'essence*.

film n. m. Acheter un film pour son appareil photo. ☞ *une pellicule...*

filter n. m. Un filter pour le café. ☞ *filtre à café.*

final[e] adj. **1.** Le chapitre final. ☞ Le *dernier* chapitre. **2.** Mettre les touches finales au décor. ☞ Mettre *la dernière main* au décor. **3.** Faire une offre finale. ☞ *définitive.* **4.** La décision de l'arbitre est finale. ☞ *sans appel.* [le fr. st. accepte : Solution *finale*, Épreuve *finale*.]

fine [f a j n] n. f. Payer une fine pour excès de vitesse. ☞ *amende...*

fine print n. m. **1.** Lisez tout le fine print avant de signer. ☞ Lisez *toutes les clauses...* f. **2.** C'était écrit en fine print. ☞ C'était écrit en *petits caractères* m.

fingerprint n. m. On a relevé les fingerprints du criminel sur le revolver. ☞ les *empreintes digitales...* f.

finir [à] loc. C'est un combat à finir. ☞ un combat *à mener jusqu'au bout, jusqu'à la mort.*

finishing touch n. m. Elle a donné à la robe le finishing touch. ☞ la *touche finale.*

fire alarm n. m. ☞ *Avertisseur d'incendie.*

fire balloon n. f. La fire balloon donne un bel aperçu de la ville. ☞ La *montgolfière...*

fire drill n. m. ☞ *Exercice d'évacuation* (en cas d'incendie).

fire escape n. m. ☞ *Escalier de secours, Échelle de sauvetage* f.

fire hall n. m. Nous retrouverons le pompier au fire hall. ☞ au *poste d'incendie*, à la *caserne de pompiers.*

fire hose n. m. ☞ *Boyau à incendie* ou *tuyau d'incendie.*

fire hydrant n. m. Il n'y a pas que les pompiers qui se servent de fire hydrants; les chiens aussi. ☞ de *bornes d'incendie...* f.

fire proof adj. ☞ *À l'épreuve du feu, résistant au feu, ignifuge.*

fireman n. m. ☞ *[Sapeur] Pompier.*

fireworks n. m. Le jour de la Fête du Canada, nous avons contemplé de jolis fireworks. ☞ de jolis *feux d'artifice.*

firer [f a j ə r e]. v. tr. Je me suis fait firer parce que je fumais au travail. ☞ Je me suis fait *congédier...*

first aid kit n. m. ☞ *Trousse de premiers soins* f.

fishing rod n. f. ☞ *Canne à pêche.*

fit [f ĭ t] **1.** n. f. Quand il a appris qu'il avait tout perdu, il a pris une fit. ☞ il *s'est mis en colère.* [fr. fam. : Il a piqué une crise.] **2.** adj. Il faut être fit pour être accepté dans l'armée. ☞ Il faut être *en bonne forme...* **3.** v. tr. Le meuble ne fit pas dans cet espace. ☞ Le meuble ne *va* pas, *n'entre* pas... **4.** Une robe qui fit bien.

☞ qui *va bien,* qui *va comme un gant.* **5.** Une clef qui ne fit pas dans la serrure. ☞ qui ne *correspond* pas à la serrure. **6.** Une taille qui fit à tous. ☞ Une taille *unique.* **7.** Cinq personnes fitent dans la voiture. ☞ Il *y a de la place* pour cinq personnes...

fitness centre n. m. ☞ *Centre de conditionnement physique.*

fitting room n. m. ou f. Il y a un fitting room tout près pour essayer votre robe. ☞ une *salle d'essayage...*

fixer v. tr. **1.** Fixer un pieu dans la terre. ☞ *Enfoncer...* **2.** Elle s'est fixé les cheveux. ☞ *arrangé...* **3.** Fixer une horloge. ☞ *Réparer...* [le fr. st. accepte : Fixer quelqu'un du regard; Fixer une date.]

flague n. f. ☞ *Braguette.*

flaguer v. tr. Flaguer un taxi. ☞ *Héler...*

flake n. m. Des flakes de maïs. ☞ Des *flocons...*

flash n. m. Il n'a pas de flash pour son appareil photo. ☞ *lampe-éclair...* [le fr. st. accepte le mot *flash* dans le contexte de la photographie. Toutefois, l'utilisation du terme *lampe-éclair* est préférable.]

flashback n. m. Il y a quantité de flashbacks dans le film. ☞ *retours arrière...*

flasher [f l a ʃ ə r] n. m. Mettre son flasher avant de tourner. ☞ *clignotant...*

flashing light n. m. ou f. La voiture de la police est surmontée d'une flashing light. ☞ d'un *gyrophare.*

flashlight n. f. ☞ *Lampe de poche.*

flashy adj. Un costume flashy. ☞ *tape-à-l'œil, voyant, tapageur.*

flasque 1. [can.] adj. Une vache flasque. ☞ *maigre.*
2. n. m. Un flasque de whisky. ☞ *Une bouteille,* Un *flacon...*

flat 1. n. m. Une voiture qui a un flat. ☞ *une crevaison.* **2.** adj. Une bière qui est flat. ☞ *fade, éventée.*

flea n. Un chien couvert de fleas. ☞ *puces* f.

fleur n. f. Se servir de fleur pour le gâteau. ☞ de *farine...*

flight n. f. Le numéro d'une flight. ☞ d'*un vol.*

flip flop n. À la plage, je porte des flip flop. ☞ *chaussures de plage, tongs, gougounes* [can.]

flipper 1. [f l i p ə r] n. m. Jouer au flipper. ☞ au *billard électrique.* **2.** v. intr. [flipe] On va flipper pour voir qui va payer. ☞ On va *tirer à pile ou face...*

flirt n. m. Mon ami est un flirt. ☞ *dragueur.* [le fr. st. accepte le verbe *flirter* dans un contexte de séduction. Le mot tire son origine du verbe *fleureter* et de l'expression *compter fleurettes.* Au besoin et selon le contexte, on peut remplacer le verbe *flirter* par les locutions : *courir le guilledou, courir la galipote, avoir une aventure, avoir une liaison, avoir une amourette* ou *avoir le béguin.*]

flood n. f. La flood a fait beaucoup de dommage à la maison. ☞ *L'inondation...*

floodé [f l ɔ d e] adj. Un sous-sol floodé. ☞ *inondé.*

floodway n. m. Le floodway nous protège contre l'inondation. ☞ Le *canal de dérivation...*

flop n. m. Un projet qui a été un flop. ☞ *fiasco, échec.*

floriste n. m. ou f. J'ai commandé des fleurs chez le floriste. ☞ *fleuriste.*

floss n. m. Je me suis acheté du floss pour les dents. ☞ du *fil dentaire*.

flouque [f l ŭ k] n. f. Avoir de la flouque. ☞ Avoir *un coup de chance, de veine*; Avoir de la *chance*.

flower bed n. m. Nous avons un joli flower bed devant la maison. ☞ *parterre, jardin de fleurs...*

flu n. m. Avoir le flu. ☞ *la grippe*.

flurries n. m. Des flurries de neige. ☞ Des *rafales* de neige f.

flush adj. **1.** Un garçon flush avec son argent. ☞ *généreux...* **2.** La table est flush avec le plancher. ☞ *au même niveau que* le plancher, *de niveau* avec le plancher.

flusher [f l ɔ ʃ e] v. tr. Flusher la toilette. ☞ *Tirer la chasse d'eau*.

fly 1. n. f. Sa fly est ouverte. ☞ Sa *braguette...* **2.** v. intr. Cette voiture-là, ça fly. ☞ ça *roule à fond la caisse*, ça *vole*.

flyer v. tr. Flyer un taxi. ☞ *Héler...*

flyer n. m. Distribuer des flyers de porte en porte. ☞ des *feuillets* ou *des encarts publicitaires...*

foam n. m. **1.** Un oreiller fait en foam. ☞ en *mousse* f. **2.** Projeter du foam sur les flammes. ☞ *de la neige carbonique...*

foam tape n. m. ☞ *Ruban mousse*.

focus n. m. **1.** Quel était le focus du film? ☞ *l'objet*, le *sujet*, le *but...* **2.** La photo n'est pas en focus. ☞ La photo n'est pas *au point*.

foil adj. Se servir de papier foil. ☞ de papier *d'aluminium*.

fold v. tr. Il faut folder la crème lentement dans la pâte. ☞ *incorporer...*

fold-away [lit] adj. S'acheter un lit fold-away. ☞ un lit *escamotable*.

follow-up n. m. Suite à ma chirurgie, je suis allé voir mon médecin pour un follow-up. ☞ pour un *suivi*.

fond n. m. Son chèque a été refusé parce qu'il n'a pas de fonds en banque. ☞ Son chèque a été refusé *par défaut de provision*. [le fr. st. accepte : Il n'a pas les fonds nécessaires pour s'acheter une maison.]

food court n. m. ☞ *Aire de restauration* f.

food processor n. m. Se servir du food processor pour hacher les légumes. ☞ du *robot ménager* ou *culinaire...*

foolproof adj. Une méthode foolproof. ☞ *infaillible*.

foolscap n. m. ☞ *Papier ministre, Papier format écolier, Papier bulle pour dessin, Papier de chancellerie*.

foot and mouth [maladie] adj. L'Angleterre est aux prises avec la maladie foot and mouth chez les animaux. ☞ la *fièvre aphteuse...*

footnote n. **1.** Il y avait des footnotes au bas de chaque page. ☞ des *notes...* f. **2.** Au bas de sa lettre, il y avait une footnote. ☞ *un post-scriptum*.

forcer v. tr. On les force à parler le français. ☞ On *insiste à ce qu'ils parlent* le français. On les *pousse* à parler le français.

foreman n. m. ☞ *Contremaître, Chef d'équipe*.

formel[le] adj. **1.** Un dîner formel. ☞ *protocolaire*. **2.** Langage formel. ☞ *Style soutenu*. [le fr. st. accepte : Un démenti *formel* = précis; Une interdiction *formelle* = claire, nette; Une intention *formelle* de refuser = définie.]

formule d'application n. f. Veuillez remplir cette formule d'application. ☞ *ce formulaire de demande* [d'emploi] m.

fortifié[e] adj. Pilules fortifiées de fer. ☞ *enrichies...*

foster parents n. m. ☞ *Parents nourriciers.*

fou [**faire un fou de soi**] loc. ☞ *Se rendre ridicule.*

foul ball n. m. ou f. La balle est allée trop à gauche. C'était une foul ball. ☞ *balle fausse.*

four-wheel drive n. f. Conduire une voiture four wheel drive. ☞ une voiture *à quatre roues motrices.*

fourni[e] adj. Un appartement fourni. ☞ *meublé.*

fourniture n. m. Ce magasin vend de la belle fourniture. ☞ *du beau mobilier*, de *beaux meubles.*

frais [**fraîche**] [can.] **1.** n. Elle fait la fraîche. ☞ Elle fait la *prétentieuse.* **2.** adj Il est frais. ☞ Il est *fanfaron, effronté.* **3.** De la crème fraîche. ☞ De la crème *douce.* [le fr. st. accepte : Il s'est levé *frais* et dispos.]

frame [f r e m] [ou **frème**] n. m. **1.** Le frame des lunettes. ☞ *La monture...* **2.** Un frame pour la peinture. ☞ Un *cadre...* **3.** Le frame de la porte. ☞ *La chambranle...* **4.** Le frame du lit. ☞ Le *cadre* du lit.

frame-up n. m. Il a été victime d'un frame-up et a été condamné. ☞ Il a été victime d'un *coup monté...*

free adj. Un billet free. ☞ *gratuit.*

free-for-all n. m. Dans le laboratoire, le tube a explosé et les étudiants ont réagi en un free-for-all. ☞ *une bousculade.*

free trade n. m. ☞ *Libre échange.*

freeway [**super highway**] n. m. C'est moins dangereux de conduire sur le freeway. ☞ *l'autoroute* n. f.

freezer n. m. Mettre les aliments au freezer. ☞ *congélateur.*

freezer bag n. m. Employer des freezer bags pour congeler les aliments. ☞ *sacs de congélation...*

freezer tray n. m. Se servir d'un freezer tray pour congeler l'eau. ☞ *bac à glace...*

freight n. m. Faire transporter ses meubles par le freight. ☞ par *wagon de marchandises.*

french toast n. m. ou f. ☞ Pain doré ©, *Pain perdu* [*rassis*].

french fries n. f. Servir des saucisses avec des french fries. ☞ *frites.*

fridge n. m. ☞ *Réfrigérateur* ©, *Frigidaire* ® [fam. frigo].

fringe benefits n. m. ☞ *Avantages sociaux.*

frontage n. m. Nous avons vendu notre propriété à cinquante dollars par pied de frontage. ☞ à cinquante dollars *le pied courant sur la rue* [ou *sur la façade*].

frosté adj. Un gâteau frosté. ☞ *glacé.*

frosting n. m. Du frosting de cassonade. ☞ Du *glaçage...*

fruit cocktail n. m. Servir un fruit cocktail. ☞ *une salade de fruits, une macédoine* [*de fruits*].

fudge n. m. ☞ *Caramel, Fondant au chocolat.*

full speed n. m. ☞ Il a quitté la maison à full speed. ☞ à *toute vitesse* f.

fun n. m. **1.** On est allé chez une tante hier soir et on a eu du fun. ☞ et *on s'est bien amusé.* **2.** Ce jeu-là a été le fun. ☞ a été *amusant,* *divertissant.* **3.** Lorsqu'il est tombé, on a eu du fun. ☞ on a *bien ri.* **4.** J'ai dit ça pour le fun. ☞ J'ai dit ça pour *rire.*

fundraising n. m. Ils ont organisé une soirée pour un fundraising. ☞ pour *une collecte de fonds, une campagne de financement.*

fuse [fjuz] n. f. L'intensité du courant était trop forte; la fuse a sauté. ☞ *le fusible...*

fuss n. m. Faire du fuss autour d'un incident banal. ☞ des *histoires* f., de l'*agitation* f., des *manières* f., du *chichi...* m.

fussy adj. Un professeur fussy. ☞ *exigeant, tatillon.*

futur n. m. Préparer un futur pour ses enfants. ☞ un *avenir...* [le fr. st. accepte : La vie *future,* les *futurs* époux.]

G

gadget n. m. **1.** Un gadget électronique. ☞ Un *truc* électronique. **2.** Une loi qui n'est qu'un gadget pour attirer des votes. ☞ une *astuce...* [le fr. st. accepte aussi : un *bidule*, une *patente*, une *bricole* = objet amusant et nouveau souvent dénué d'utilité.]

gage [gɛdʒ] n. m. Se servir du gage pour mesurer le niveau de l'huile. ☞ *de l'indicateur, de la jauge...*

galerie n. f. Le soir nous veillons sur la galerie. ☞ sur *le balcon*.

gall bladder n. f. ☞ *Vésicule biliaire.*

gamblant p. pr. Perdre toute sa fortune en gamblant. ☞ Perdre tout sa fortune *au jeu*.

gamble n. m. Prendre un gamble et perdre sa propriété. ☞ un *risque...*

gambler v. tr. et intr. Aimer gambler. ☞ *jouer* [à l'argent, etc.], *risquer*.

gambling n. m. **1.** Le gambling devrait être prohibé. ☞ *Les jeux de hasard...* **2.** Son amour du gambling a ruiné sa famille. ☞ *Sa passion du jeu...*

game 1. n. f. Une game de baseball. ☞ Une *partie...* **2.** adj. Être game. ☞ Être *d'accord, Accepter.*

gang n. f. Une gang de voleurs. ☞ Une *bande*...

gangster n. m. Ce financier est un vrai gangster. ☞ *escroc, voleur, bandit, membre de la pègre.*

garage sale n. m. ☞ *Vente-débarras* f.

garbage n. m. **1.** Ne pas mettre le garbage dans le broyeur. ☞ *les déchets*... **2.** Jeter les restes du repas au garbage. ☞ *aux ordures* f. **3.** Tous les déchets iront au garbage. ☞ au *rebut*.

garbage can n. m. ☞ *Poubelle* f.

garbage collectors n. m. Les garbage collectors ont oublié de vider les poubelles. ☞ les *éboueurs*, les *vidangeurs*...

garbage bag n. m. Mets les déchets dans le garbage bag. ☞ *sac à ordures*.

garburateur n. m. Ne pas jeter les épluchures de maïs dans le garburateur. ☞ dans le *broyeur*.

garder v. tr. intr **1.** Garder un magasin. ☞ *Tenir*... **2.** Garde comme elle est belle! ☞ *Regarde*... **3.** Ma montre garde bien le temps. ☞ *marque* bien...

garlic n. m. ou f. La garlic est bonne pour la santé. ☞ *L'ail* [m.] est bon pour la santé.

gas [gɑz] n. m. Il n'y a plus de gas dans le réservoir. ☞ *d'essence*... f.

gâteau au café n. m. ☞ au *Moka*.

gâteau des anges n. m. ☞ Gâteau *de Savoie*.

gazebo [gazibo] n. m. Construire un gazebo dans la cour. ☞ une *gloriette*...

gazoline n. f. De la gazoline pour la voiture. ☞ De *l'essence*... [le fr. st. accepte : *gazoline* = éther de pétrole.]

gear n. f. **1.** Mettre la voiture sur la deuxième gear. ☞ *en* deuxième *vitesse*. **2.** La gear est brisée. ☞ *L'engrenage*... m.

geler v. tr. **1.** Geler un plat préparé pour le conserver. ☞ *Congeler...* [le fr. st. accepte : Le vent glacial nous *gèle*.] **2.** Geler une dent. ☞ *Anesthésier, Insensibiliser...*

gem n. m. Il lui a donné un gem pour son anniversaire. ☞ *une pierre précieuse...*

giblet n. m. Des giblets de poulet. ☞ Des *abats...*

GIC [abrév. **Guaranteed investment certificate**]. ☞ *certificat de dépôt, certificat de placement garanti.*

gimmick n. f. Une gimmick pour tromper les gens. ☞ *Un truc*, Une *astuce*, Une *ruse*, Une *combine, Un attrape nigaud...*

ginger ale n. m. ☞ *Soda gingembre.*

gipsy n. ☞ [gen.] *bohémien[ne]*; [espagnol] *gitan[e]*; [Europe centrale] *tsigane* ou *tzigane*; [péj.] *romanichel.*

girlfriend n. f. ☞ *Petite amie, Copine, Amie de cœur, Blonde* [can].

glazé adj. Un gateau glazé. ☞ *glacé.*

glider n. m. Les gliders quittent la montagne pour planer sur la plaine. ☞ Les *planeurs...*

gliding [sport] n. m. Aimer faire du gliding. ☞ du *vol à voile.*

globalisation n. f. ☞ *Mondialisation.*

glorifié[e] adj. Ce joueur de hockey n'est qu'un athlète glorifié. ☞ *survalorisé.*

glove compartment n. m. Mets ces papiers dans le glove compartment de la voiture. ☞ *la boîte à gants...*

GMO n. m. [abrév. **Genetically modified organism**] ☞ OGM [abrév. Organisme génétiquement modifié].

goal [sport] n. m. **1.** Notre équipe a compté deux goals. ☞ *buts.* **2.** Le goal est brisé. ☞ Le *filet...*

goaler [sport] n. m. Le goaler a arrêté trois lancers. ☞ Le *gardien de but...*

goatee n. m. Son goatee lui va bien. ☞ *Sa barbiche...*

goggles n. ☞ *Lunettes de protection* f.

goldfish n. m. Avoir un goldfish dans son aquarium. ☞ *un cyprin doré, un poisson rouge...*

golf course n. m. Notre ville possède plusieurs golf courses. ☞ *terrains de golf.*

good-bye [*ou* bye-bye] ☞ *Au revoir.*

goodies n. m. À l'Halloween, on donne des goodies aux enfants. ☞ des *friandises...* f.

goose bumps [ou **pimples**] n. Une scène à nous donner les goose bumps. ☞ *la chair de poule.*

gopher n. m. ☞ *Spermophile* ©, *Gauphre.*

gossip n. m. Il se fait beaucoup de gossip à la pause-café. ☞ *commérages, cancans...*

goûter v. tr. Cette crème goûte la framboise. ☞ Cette crème *a le goût de* la framboise.

grade n. m. **1.** Être dans le grade un. ☞ Être *en première année* f. **2.** Grade IX. ☞ *Secondaire I.* [le fr. st. accepte : *Monter en grade* = Avoir une promotion.]

grader [grɛdər] n. m. On a passé le grader pour enlever la neige. ☞ *la niveleuse...*

graduation n. f. ☞ *Cérémonie de la remise des diplômes.*

gradué[e] n. m. ou f. Les graduées auront un emploi. ☞ Les *diplômées...*

grant n. m. Recevoir un grant du gouvernement. ☞ *une subvention...*

grapefruit n. m. ☞ *Pamplemousse.*

gravelle n. f. Étendre de la gravelle sur la route. ☞ *du gravier...* m.

gravy n. m. ou f. Une viande arrosée de gravy. ☞ *sauce* f.

grease gun n. m. Nous avons fait graisser notre moissonneuse-batteuse au grease gun. ☞ au *pistolet graisseur.*

green 1. adj. Être green au golf. ☞ *Ne pas connaître grand-chose,* Être *nouveau,* Être *niais...* **2.** n. Le green du golf. ☞ Le *vert...*

green pepper n. m. ☞ *Piment vert, Poivron vert.*

grilled cheese sandwich n. m. ☞ *Sandwich fondant au fromage.*

grimper [les murs] loc. Il chantait si mal que j'aurais pu grimper les murs. ☞ j'aurais pu *devenir fou.*

grind n. m. Un grind régulier de café. ☞ *Une mouture régulière...*

grobe n. f. ☞ *Nourriture* f., *Repas* m., *Manger* m. [pop.].

grocerie[s] n. Maman m'a demandé de ranger les groceries dans l'armoire. ☞ l'*épicerie...* Je vais acheter du pain au grocerie. ☞ au *supermarché,* à *l'épicerie.*

ground adj. Ground coffee. ☞ *Café moulu.*

groundé p. p. **1.** Le fil doit être groundé pour réduire le risque de chocs électriques. ☞ *doit être relié, mis à la terre...* **2.** Le pilote est groundé pour un mois. ☞ *Il est interdit au pilote de voler pour un mois,* Le pilote est *consigné...* **3.** L'avion est groundé. ☞ *retenu au sol.*

groundhog n. m. Il a tué un groundhog. ☞ *une marmotte.*

group home n. m. Cet handicapé a été placé dans un group home. ☞ *foyer collectif, foyer de groupe.*

grub-hoe n. m. Arracher les racines avec un grub-hoe. ☞ *une pioche à pointe et à pic.*

guédoppe interj. ☞ *Hop!*

guesser v. tr. Essayer de guesser la réponse. ☞ *deviner...*

guinea-pig n. m. ☞ *Cobaye.*

guts n. m. Avoir des guts. ☞ *de l'audace* f., *du courage* m.

gym n. m. ☞ *Gymnase.*

gyproc n. m. Nous allons recouvrir les murs de gyproc. ☞ *de plaques de plâtre* f. ou *placo-plâtre* m.

H

habilité n. f. Avoir beaucoup d'habilité en char-
pente. ☞ *habileté...* [a b i l t e] [Le *e* de l'avant-
dernière syllabe ne se prononce pas.] [le fr. st.
accepte : le brevet d'enseignement l'a *habilité*
[v. tr.] à enseigner dans cette province.]

habit formel n. m. Pour ce dîner on requiert l'habit
formel. ☞ l'habit *de cérémonie, la tenue de
soirée, tenue de cérémonie.*

haddock n. m. On pêche le haddock dans ce lac.
☞ *l'aiglefin...*

hair-dryer n. m. ☞ *Sèche-cheveux.*

haircut n. m. Il est allé chez le coiffeur pour un
haircut. ☞ pour *une coupe de cheveux.*

hairdresser n. Se faire donner une permanente par
une hairdresser. ☞ un *coiffeur,* une *coiffeuse.*

hair spray n. m. Acheter du hair spray. ☞ une
bombe de laque.

half-mast n. Le drapeau est à half-mast. ☞ *en berne.*

half-pint n. m. ou f. ☞ *Quart de litre m.*

halibut n. m. ☞ *Flétan.*

hall 1. n. f. Une danse à la hall du village. ☞ *salle...*
   2. n. m. Je l'ai rencontré dans le hall d'entrée.
   ☞ dans le *vestibule.* [le fr. st. accepte : Avoir
   une réception dans le *hall* du collège. = salle
   d'entrée ©.]

hall runner n. m. Pour protéger son plancher, elle s'est acheté un hall runner. ☞ un *chemin de couloir.*

halo n. m. Le halo de l'ange. ☞ *L'auréole...* f.

ham n. m. Le ham est une viande favorite le jour de Pâques. ☞ Le *jambon...*

hamper n. m. À l'occasion de Noël, nous avons préparé des hampers pour les pauvres. ☞ des *paniers garnis*, des *paniers de nourriture...*

handcuff n. L'agent lui a mis les handcuffs. ☞ les *menottes* f.

handle n. f. Se servir de handle pour prendre les plats au four. ☞ Se servir d'une *poignée...*

handrail n. m. ☞ *Rampe* f., *Main courante* f.

hanger n. m. Déposer son manteau sur un hanger. ☞ un *cintre*, un *portemanteau, une patère.*

hangnail n. m. ☞ *Envie* [fam.] n. f. = Petite peau qui se soulève sur le pourtour des ongles.

harasser v. tr. Il l'a harassée sexuellement. ☞ Il l'a *harcelée* sexuellement.

harassing call [téléphone] n. m. Elle reçoit un harassing call tous les jours. ☞ *appel importun...*

hardback adj. C'est un livre hardback qu'on m'a donné. ☞ un livre *relié*, un livre *cartonné...*

hardtop n. m. Je me suis acheté une voiture hardtop. ☞ Je me suis acheté une voiture *au toit amovible.*

hardware n. m. **1.** Se rendre au hardware pour acheter un marteau. ☞ *à la quincaillerie...* **2.** [informatique] J'ai tout le hardware nécessaire. ☞ le *matériel...*

hash browns n. m. Servir des hash-browns pour le petit-déjeuner. ☞ *pommes de terres sautées...* f.

headlights n. m. Allume tes headlights. ☞ tes *phares*.

headlines n. m. La nouvelle a fait les headlines. ☞ a fait les *manchettes* f., était *en gros titres*, était *à la une*.

headquarter n. m. Le headquarter de la Banque Royale est à Toronto. ☞ Le *siège social*...

headrest n. m. Le headrest du siège avant de la voiture est brisé. ☞ L'*appui-tête*...

hearse n. m. ☞ *Corbillard, Fourgon mortuaire*.

heater n. m. Il fait tellement froid que nous avons besoin d'un heater dans la voiture. ☞ *une chaufferette*...

heavyweight [sport] n. m. Un champion heavy-weight. ☞ *poids lourd*.

hello! 1. [salutation] ☞ *Bonjour!* 2. [téléphone] ☞ *Allô!*

hi [salutation] ☞ *Bonjour!*

hi-fi system n. m. [**high fidelity**] ☞ *Chaîne haute fidélité* f.

hide-a-bed n. m. Elle a acheté un hide-a-bed pour le salon. ☞ un *canapé-lit*...

high n. m. 1. Son succès aux examens lui a donné un high. ☞ *Elle a été enivrée par* son succès. 2. Il était sur un high après avoir pris de la drogue. ☞ Il *planait* après avoir pris de la drogue.

high fidelity system n. m. ☞ *Chaîne de haute fidélité* f.

high gear n. m. ☞ *Haute vitesse* f.

highlight n. m. Le highlight de la soirée a été la présentation de la chanson « Jour de plaine ». ☞ Le *clou*, Le *grand moment*...

high-rise adj. Nous habitons un high-rise tower. ☞ *une tour d'habitation.*

highway n. m. ☞ *Route* f.

hijacker [hajdʒakər] n. m. ☞ *Pirate de l'air, de la route, du rail,* etc.

hijacker [hajdʒake] v. tr. Hijacker un avion. ☞ *Détourner...*

hijacking n. m. Dans ce pays le highjacking d'avions est chose commune. ☞ *détourne-ment...*

hiking boots n. m. ☞ *Chaussures de marche* f., ou *de randonnée.*

hint n. m. Donner un hint. ☞ Donner un *indice,* un *tuyau* ; *Faire allusion* f.

histoire [**faire une histoire courte**] loc. n. f. Pour faire une histoire courte, il est décédé sur le coup. ☞ Pour *être bref...*

hit n. m. **1.** Le plus beau hit de la partie de balle. ☞ Le *coup le mieux réussi...* **2.** Son livre a été un hit. ☞ un *succès.* **3.** v. tr. Il hit la balle chaque fois. ☞ Il *frappe...*

hit-and-run n. m. Il est coupable d'un hit-and-run. ☞ Il est coupable d'un *délit de fuite.*

hit-parade n. m. Ce disque est premier au hit-parade. ☞ *palmarès.*

hitch [**ball**] n. f. Une hitch de voiture. ☞ Une *boule* [*d'attelage*]...

hitchhiker [hïtʃajke] v. intr. ☞ *Faire du pouce* ©, *Faire du stop, Faire de l'auto-stop.*

HIV [abrev. **human immunodefiency virus**] **1.** n. m. Ce pauvre homme a le HIV. ☞ *VIH* [abrév. virus de l'immunodéficience humaine]

2. Les examens ont conclu qu'il était HIV négatif. ☞ qu'il était *séronégatif.*

hoax n. m. Il ne fallait pas le croire. C'était un hoax. ☞ un *canular.*

hobby n. m. Le bridge est son hobby favori. ☞ son *passe-temps,* son *loisir,* son *violon d'Ingres...* [cette locution s'est répandu au XIXe siècle grâce au peintre Jean Auguste Ingres qui, en marge de son activité de peintre, profitait de moment libre pour s'adonner à la musique et en l'occurrence au violon. L'expression désignait alors l'activité seconde d'un artiste qui pratique un art qui n'est pas le sien.]

hobo n. m. ☞ *Clochard, Vagabond.*

hold-up n. m. Il y a eu un hold-up à la banque. ☞ un *vol à main armée...*

hollyhock n. f. Le parterre était entouré de hollyhocks. ☞ *passe-roses, roses trémières.*

holster n. m. Il a remis le pistolet dans son holster. ☞ son *étui.*

home care n. m. Le home care est très précieux pour les aînés. ☞ *Les soins à domicile…*

home plate [sport] n. m. Il a touché le home plate juste à temps. ☞ *marbre…*

home brew n. m. ☞ *Spiritueux maison.*

home-made adj. Une tarte home-made. ☞ Une tarte *maison.*

home run [sport] n. m. Frapper un home-run. ☞ un *coup de circuit.*

homestead n. m. Mon grand-père a obtenu un homestead en 1890. ☞ une *concession,* une *propriété familiale...*

home video n. m. ☞ *Vidéo amateur* f.

homework n. m. Les élèves se plaignent qu'ils ont trop de homework. ☞ de *devoirs*.

hood n. m. **1.** Un manteau avec un hood. ☞ *capuchon*. **2.** Relever son hood parce qu'il pleut. ☞ *sa capuche...* **3.** Installer un hood au dessus de la cuisinière. ☞ *une hotte...* **4.** Ouvrir le hood de la voiture pour examiner le moteur. ☞ le *capot...*

horn n. m. Pèse sur le horn. ☞ *klaxon*.

hors d'ordre loc. Votre remarque est hors d'ordre. ☞ Votre remarque *n'est pas réglementaire*, est *antiréglementaire*.

horse show n. m. J'ai préféré le horse show. ☞ *concours équestre, hippique*.

horsepower n. m. Ta voiture a combien de horsepower? ☞ de *chevaux-vapeur?*

horseradish n. m. Le horseradish est peu populaire en France. ☞ *raifort...*

hose n. f. Se servir de la hose pour arroser les fleurs. ☞ *du boyau d'arrosage...* m.

hot air balloon n. m. ☞ *Montgolfière* f.

hot plate n. m. Tenir un plat chaud sur le hot plate. ☞ sur le *réchaud électrique*.

housecoat n. m. Après avoir pris mon bain, je mets mon housecoat. ☞ mon *peignoir, ma robe d'intérieur*.

housewarming party n. m. Nous vous invitons à venir chez nous pour un housewarming party. ☞ pour *pendre la crémaillère*.

housing shortage n. m. ☞ *Pénurie de logement* f.

housing n. m. La ville de Montréal a un problème de housing. ☞ *logement*.

hovercraft n. Nous avons traversé la Manche en hovercraft. ☞ *aéroglisseur* m.

hub cap n. m. Les hub caps des roues d'une voiture. ☞ *enjoliveurs…*

hug n. m. Donne-moi un hug avant de partir. ☞ *Embrasse-moi, Fais-moi un calin, Serre-moi dans tes bras…*

humer [hɔme] v. tr. ou intr. Humer une chanson. ☞ *Fredonner, Chantonner…*

humming bird n. m. ☞ *Colibri.*

hurricane n. m. Le hurricane Katrina a causé des dommages incalculables. ☞ *L'ouragan…*

I

ice cube n. m. Pourriez-vous ajouter des ice cubes dans mon eau? ☞ des *glaçons*...

ice jam n. m. Au printemps, il se forme toujours un ice jam à la hauteur du pont Provencher. ☞ un *embâcle*...

ice tray n. m. Sers-toi du ice tray pour faire congeler l'eau. ☞ du *bac à glace*...

icing n. De l'icing sur le gâteau. ☞ *Du glaçage*... m.

idée [**faire son**] loc. Je dois partir. Fais-ton idée. ☞ *Décide-toi.*

identification n. f. Oublier sa carte d'identification. ☞ carte d'*identité.* [le fr. st. accepte : Il s'est présenté pour l'*identification* du cadavre.]

ignition n. f. **1.** Vérifier les bougies d'ignition de la voiture. ☞ d'*allumage*... m. **2.** Mets l'ignition. ☞ Mets *le contact.* [le fr. st. accepte : Matière en *ignition*, en combustion.]

ignorer v. tr. Lorsque nous nous rencontrons, il m'ignore. ☞ il *fait semblant de ne pas me voir*, il *ne me regarde pas.*

immobilizer [**engine**] n. m. Il y a tellement de vols de voiture qu'il faut acheter un engine immobilizer device. ☞ un *dispositif électronique d'antidémarrage.*

impeachment n. m. Suite au scandale, le congrès s'est prononcé en faveur de l'impeachment du Président. ☞ de *la mise en accusation en vue de la destitution,* de *la procédure de destitution...*

implant n. m. Elle a reçu un implant du sein. ☞ une *greffe de* sein.

impound v. tr. La police a impoundé sa voiture. ☞ a *confisqué...*

impression [**être sous l'**] loc. ☞ *Avoir l'impression.*

improuvement n. m. Faire de l'improuvement en classe. ☞ Faire *du progrès, s'améliorer...*

in-home foot care loc. ☞ *Soins des pieds à domicile.*

income n. m. Un income de 5 000 $ par mois. ☞ Un *revenu...*

income tax n. f. **1.** Je dois garder mes reçus pour l'income Tax. ☞ pour *fin d'impôt.* **2.** L'income tax est très haute. ☞ *Les impôts sur le revenu sont très élevés.*

incorporé p. p. Le village a été incorporé l'année dernière. ☞ a été *constitué...*

informel[le] adj. **1.** Pour ce dîner, on s'attend à ce que nous soyons en tenue informelle. ☞ tenue *de ville.* **2.** Un dîner informel. ☞ *sans cérémonie.*

inning [sport] n. Nous en sommes rendus à la deuxième inning de la partie. ☞ *manche...* f.

input n. m. Solliciter l'input des membres d'une organisation. ☞ Solliciter *l'apport de nouvelles idées, les suggestions, la contribution, la participation...*

insécure adj. ou adv. **1.** Se sentir insécure lorsqu'on se présente sur la scène. ☞ *Manquer d'assurance...* **2.** Un avenir insécure. ☞ *incertain.*

3. Un emploi insécure. ☞ *précaire.* **4.** Un quartier insécure. ☞ *peu sûr.*

instalment n. m. Vous pouvez payer votre assurance en trois instalments. ☞ trois *versements.*

instructions n. f. pl. Avant de se servir de cet outil, bien vouloir lire les instructions. ☞ *le mode d'emploi.*

insulation n. m. Il n'y avait aucune insulation dans les murs. ☞ *isolation…* f.

insuler v. tr. Le froid nous oblige à insuler la maison. ☞ *isoler…*

insurance broker n. m. ☞ *Courtier d'assurance.*

intensive care n. m. Il est encore très malade puisqu'il est au intensive care. ☞ *aux soins intensifs.*

intercom n. m. Appeler quelqu'un à l'intercom. ☞ à l'*interphone.*

intermission n. f. Entre chaque acte de la pièce il y a une intermission de quinze minutes. ☞ *un entracte…*

interview n. f. **1.** Un journaliste voudrait avoir une interview avec vous. ☞ une *entrevue…* **2.** Avoir une interview avec l'artiste. ☞ un *entretien…*

introduire v. tr. Introduire le président. ☞ *Présenter…* [selon le fr. st. *introduire* signifie : Faire entrer qqn dans un lieu, faire adopter qqch., faire entrer une chose dans une autre.]

introvert[e] adj. ou n. Je crois que ce garçon est un introvert. ☞ *introverti[e].*

invester v. tr. Invester de l'argent dans un dépôt à terme. ☞ *Investir…*

investiguer v. intr. Il va falloir investiguer sur l'origine de ce fonds. ☞ *enquêter sur…*

investment n. m. ☞ *investissement.*

IOU n. m. [abrév. de **I owe you**] Je lui ai signé un IOU. ☞ *une reconnaissance de dette.*

J

jack n. m. **1.** [jeu de cartes] Je joue le jack de cœur. ☞ le *valet*... **2.** Il me faut un jack pour soulever la voiture. ☞ un *cric*... **3.** Mon ami est un grand jack. ☞ Mon ami est *grand* [de taille].

jacker v. tr. **1.** Jacker une voiture pour changer un pneu. ☞ *Soulever* [*avec un cric*]... **2.** Jacker les prix. ☞ *Faire grimper* les prix.

jacket n. m. **1.** Le jacket de son costume est très beau. ☞ Le *veston, La veste*... **2.** Il porte un jacket de cuir. ☞ un *blouson*... **3.** Le jacket du livre a été dessiné par tel artiste. ☞ *La couverture, la jaquette*...

jackhammer n. m. ☞ *Marteau-piqueur.*

jack of all trades loc. ☞ *Touche-à-tout.*

jack-o'-lantern n. m. ☞ **1.** *Citrouille-lanterne* f., *Citrouille d'Halloween* f. **2.** *Feu-follet* m.

jackpot n. m. Gagner le jackpot. ☞ le *gros lot.*

jacuzzi ® n. m. **1.** Nous nous sommes fait installer un bain jacuzzi. ☞ bain *à remous.*

jam n. **1.** De la jam aux fraises. ☞ *confiture*... f.

2. Il y avait tout un jam, avenue Portage. ☞ *embouteillage...* m. **3.** Avec cet accident, me voilà rendu dans un beau jam. ☞ *pétrin* m., *une sérieuse difficulté* f.

jammé adj. Avoir le doigt jammé dans la porte. ☞ *Se coincer* le doigt dans la porte.

jam session n. m. Avoir un jam session. ☞ une *improvisation collective, Faire un bœuf* [arg.].

janitor n. m. Le janitor est un homme à tout faire. ☞ *concierge...*

jar [dʒar] n. m. Un jar de confiture. ☞ Un *bocal...*

jello n. m. Du jello aux fraises. ☞ *De la gelée...*

jelly bean n. m. ou f. ☞ *Bonbon à la gelée* m., *Bonbon haricot* m.

jet [dʒɛt] n. m. Voyager en jet. ☞ en *avion à réaction.*

jet lag n. m. Il ne peut pas se remettre du jet lag. ☞ du *décalage horaire.*

job n. f. Avoir une bonne job ☞ Avoir un bon *emploi, métier, travail.*

jockstrap n. m. ☞ *Slip de sport, Suspensoir.*

jogging n. m. ☞ *Course d'exercice* f., *Course à pied* f.

joindre v. tr. **1.** Joindre un club, un comité. ☞ *Devenir membre* d'un club, d'un comité. **2.** Joindre l'armée. ☞ *S'enrôler dans, S'engager dans* l'armée. **3.** Joindre un syndicat. ☞ *S'affilier à* un syndicat. **4.** Voulez-vous nous joindre? ☞ Voulez-vous *venir avec nous?* [le fr. st. accepte : *Joindre* quelqu'un par téléphone. *Joindre* les deux bouts, *joindre* les deux mains.]

joke n. m. ou f. Une joke à raconter. ☞ Une *farce,* Une *blague,* Une *plaisanterie...*

journée off n. f. Avoir deux journées off par semaine. ☞ *journées de congé…*

juice extractor n. m. ☞ *Centrifugeuse* f.

jumbo adj. Un paquet jumbo de papier hygiénique. ☞ Un *format géant...*

jumbo-jet n. m. Nous avons pris un jumbo-jet pour nous rendre en Suisse. ☞ un *avion gros porteur...*

jump n. m. Il a fait un jump au-dessus de la corde. ☞ un *saut...*

jumper [dʒɔmpe] v. tr. **1.** Au temps de la dépression, les hommes jumpaient les wagons de cargaison pour aller ailleurs chercher du travail. ☞ les hommes *montaient* [ou *voyageaient*] *illégalement sur* les wagons de cargaison... **2.** Jumper par-dessus la clôture. ☞ *Sauter...*

jumper [dʒɔmpər] n. m. On exige que les filles portent des jumpers. ☞ des *robes-chasubles* f.

junior n. Pierre Lamontagne junior. ☞ Pierre Lamontagne *fils* m.

junk n. m. N'acheter que du junk. ☞ *de la camelote*[fam.], du *bric-à-brac, des vieilleries, de la pacotille.*

junk food n. m. Ne manger que du junk food. ☞ Ne manger que des *cochonneries* f., de *la camelote*, que *de la malbouffe* [familier], des *aliments vides* m.

junk mail n. m. **1.** Recevoir du junk mail dans la boîte aux lettres. ☞ recevoir *de la publicité*, du *courrier-déchet...* **2.** [inform.] Ma boîte de réception de courriels est remplie de junk mail. ☞ *de pourriels.*

K

kangarou n. m. Nous retrouvons le kangarou en Australie. ☞ le *kangourou*...

kennel n. m. Je me suis construit un kennel pour mon chien. ☞ *une niche*...

keyboard n. m. Le keyboard du piano. ☞ Le *clavier*...

kick n. m. C'est un kick de gagner aux cartes. ☞ C'est *stimulant*, C'est *excitant* de gagner aux cartes.

kickback n. m. Le ministre a été accusé d'avoir accepté des kickbacks. ☞ des *pots-de-vin*.

kicker v. tr. ou intr. **1.** Il kick toujours contre le professeur. ☞ Il *critique* toujours le professeur. **2.** Le professeur l'a kické dehors. ☞ l'a *jeté* dehors. **3.** Kicker une balle. ☞ *Donner un coup de pied* à la balle.

kidnapper [k i d n a p ə r] n. m. ☞ *Ravisseur*.

kidnapping n. m. ☞ *Rapt, Enlèvement*.

kidney n. m. **1.** Cet homme a des problèmes de kidneys. ☞ de *reins*. **2.** Nous avons dégusté d'excellents kidneys. ☞ *rognons*.

kimothérapie n. f. ☞ *Chimiothérapie*.

kindergarten n. m. ☞ *Jardin d'enfants* m, [*École*] *maternelle* f.

king-size adj. **1.** Un lit king-size. ☞ Un *très grand lit*. **2.** Cigarettes king size. ☞ *longues*.

kit n. m. **1.** Un kit pour les premiers soins. ☞ *Une trousse...* **2.** Partir et emporter tout le kit. ☞ tout le *fourbi*, le *matériel*, *l'équipement*, *tous les outils*, *l'attirail*.

kleenex ® n. m. ☞ *Papier-mouchoir*.

knapsack n. m. Voyager avec son knapsack. ☞ *sac à dos*, *havresac*.

kodak ® n. m. ☞ *Appareil photo*.

kosher adj. **1.** Ne pas pouvoir manger tel plat parce qu'il n'est pas kosher. ☞ *kascher* ou *casher*. **2.** Il y a quelque chose qui n'est pas kosher dans sa conduite. ☞ pas *catholique...*

kotex ® n. m. Elle se sert de kotex. ☞ Elle se sert de *serviettes hygiéniques* f.

L

lab n. m. Le professeur est au lab. ☞ au *labo* [laboratoire].

label n. m. ☞ *Étiquette* f.

laisser [**savoir**] loc. ☞ Il faut lui laisser savoir que nous sommes partis. ☞ Il faut lui *faire* savoir...

laminer v. tr. Laminer une photo pour la mieux conserver. ☞ *Plastifier*...

lampe de rue n. f. Une lampe de rue ne fonctionne plus. ☞ *Un réverbère*...

lander [l a n d e] v. intr. **1.** L'avion a landé. ☞ *atterri*. **2.** Lander en prison. ☞ *Aller, Se retrouver, Échouer*...

landlord n. m. Le landlord nous a mis à la porte. ☞ Le *propriétaire*...

landmark n. m. Le pont Provencher est un landmark de l'histoire de Saint-Boniface. ☞ Le pont Provencher *fait partie du patrimoine architectural* de Saint-Boniface.

landscaping n. m. Nous avons embauché notre voisin pour faire le landscaping de notre jardin. ☞ pour *l'aménagement paysager*...

lane n. f. **1.** Devoir se tenir dans la lane de gauche. ☞ *voie*... **2.** Pas de stationnement dans la lane.

☞ *ruelle*. **3.** Pour le concours de natation, le Canadien se trouvait dans la deuxième lane. ☞ dans *le* deuxième *couloir*.

langue [**le chat lui a mangé la langue**] loc. ☞ *Il est muet, Il ne parle pas.*

laundering n. m. Plusieurs commerces font du laundering d'argent. ☞ du *blanchiment*...

laundry n. Un immeuble appartement qui a une laundry à chaque étage. ☞ une *buanderie*...

laver[**se**] v. pron. Lavez vos cheveux. ☞ Lavez-*vous les* cheveux. [Ainsi en est-il de tous les verbes dont l'action s'exerce sur le sujet. Nous dirons : Essuyez-vous les pieds, Lavez-vous les mains. Cette règle s'applique aux verbes qui s'emploient à la forme pronominale.]

lawn n. m. Tondre le lawn. ☞ le *gazon, la pelouse.*

lawnmower n. m. ☞ *Tondeuse* f. [à gazon].

lay-off 1. n. m. Étant donné le déclin dans les ventes, la compagnie a dû procéder à un lay-off. ☞ à une *mise à pied*, à un *licenciement*. **2.** v. tr. Le patron a dû lay offer plusieurs employés. ☞ *licencier, mettre à pied, renvoyer, débaucher*...

laser printer n. f. ☞ *Imprimante laser.*

lazy susan n. m. ☞ *Plateau tournant.*

lazy boy [**recliner**] n. m. ☞ *Fauteuil inclinable.*

leader n. m. Un homme qui est un leader. ☞ *chef, porte-parole, meneur, chef de file.*

leadership n. m. **1.** Le leadership d'un parti. ☞ *La direction...* **2.** Un homme qui ne sait exercer aucune qualité de leadership. ☞ de *chef.*

leak n. m. Il y a un leak dans le boyau d'arrosage. ☞ *une fuite...* f.

lean adj. Aimer la viande lean. ☞ viande *maigre*.

lease n. m. Nous avons signé un lease de trois ans. ☞ un *bail*...

leasing n. m. Acheter une voiture en leasing. ☞ en *crédit-bail*.

leek n. m. Nous avons fait un potage au leek. ☞ au *poireau* m.

législature n. f. Le projet a été présenté à la législature. ☞ *au corps législatif* m.

lettre capitale n. f. Une phrase doit débuter avec une lettre capitale. ☞ *majuscule*.

levée de fonds n. f. Pour solliciter des dons pour leur organisme, ils ont organisé une levée de fonds ☞ une *campagne de financement*.

librairie n. f. Aller à la librairie pour emprunter des livres. ☞ *bibliothèque*...

licence n. f. Renouveler sa licence. ☞ *son permis [de conduire]* m.

license tag n. m. Ne pas oublier de placer le license tag sur la voiture. ☞ la *vignette*... f.

life annuity n. f. ☞ *Rente viagère*.

life-lease n. m. L'appartement que nous avons loué est un life lease. ☞ un *bail à vie*, un *bail viager*.

lifebelt n. f. ☞ *Bouée de sauvetage, Ceinture de sauvetage*.

lifeguard n. m. ☞ *Maître nageur*.

lift n. m. **1.** Voulez-vous un lift? ☞ *Est-ce que je peux vous déposer quelque part?* **2.** Il m'a donné un lift jusqu'à Montréal. ☞ Il m'a *pris*, Il m'a *emmené* jusqu'à *Montréal*. **3.** La victoire nous a donné un lift. ☞ nous a *remonté le moral*, nous a *encouragés*.

lifting n. m. **1.** Le pont Jacques-Cartier a besoin d'un lifting. ☞ a besoin *de rénovation* f., de *rajeunissement* m. **2.** Un lifting chirurgical pour supprimer les rides du visage. ☞ Un *lissage...*

lighter n. m. J'ai besoin d'un lighter pour allumer la chandelle. ☞ un *briquet...*

ligne n. f. **1.** Dans quelle ligne es-tu? ☞ *Quelle profession, quel métier exerces-tu?, Quel est ton domaine de spécialité?* **2.** La ligne de chemin de fer ne passe plus ici. ☞ *voie...* **3.** Il faut traverser les lignes pour se rendre à Fargo. ☞ *frontières...* **4.** [téléphone] Gardez la ligne. ☞ *Ne quittez pas.*

ligne d'assemblage n. f. Travailler à une ligne d'assemblage. ☞ une *chaîne de montage.*

lime [l a j m] n. m. De la tarte au lime. ☞ au *citron vert.*

line-up n. m. Il y a toujours un line-up au théâtre. ☞ *une queue...*

lint n. m. Un brin de lint sur le manteau. ☞ de *duvet* m., de *peluche...* f.

lip service loc. L'emploi du français par certains politiciens n'est que du lip service. ☞ Certains politiciens *n'emploient le français que pour la forme.*

lipstick n. m. ☞ *Rouge à lèvres.*

liqueur n. f. Liqueur douce. ☞ *Eau* ou *Boisson gazeuse.* [le fr. st. accepte : *liqueur* pour signifier une boisson alcoolisée telle que de la crème de menthe.]

liquide [pour laver la vaisselle] n. m. ☞ *Détersif.*

liquor store n. m. ☞ *Magasin d'alcool.*

liquorice n. f. J'aime le goût de la liquorice. ☞ de la *réglisse.*

lister v. tr. Lister les marchandises. ☞ *Faire la liste des* marchandises.

lit double n. m. Avoir un lit double à vendre. ☞ un *grand* lit, un lit à *deux places*...

litter [lĭtǝr] n. m. Acheter du litter pour les chats. ☞ *une litière*...

live [lajv] adj. **1.** Un programme de radio live. ☞ *en direct.* **2.** Ce programme a été enregistré live. ☞ *en public.*

living-room n. m. ☞ *Salle de séjour* f. [pouvant servir à la fois de salle à manger et de salon].

livraison spéciale n. f. Recevoir un cadeau par livraison spéciale. ☞ par *envoi exprès* m.

livre de téléphone n. m. ☞ *Annuaire téléphonique* [Le terme « bottin téléphonique » est tiré du nom du premier éditeur d'un annuaire télé-phonique en France, Sébastien Bottin].

loader [lodǝr] n. m. ☞ *Pelleteuse*, f.

loafer [lofe] v. intr. Il passe ses jours à loafer. ☞ *traîner, fainéanter, flâner.*

loan shark n. m. Attention! Ces individus ne sont que des loan sharks. ☞ des *usuriers.*

lobby n. m. Le lobby de l'hôtel. ☞ Le *vestibule*...

lobbying n. m. Faire du lobbying auprès des politi-ciens. ☞ *de la pression, de la sollicitation*...

lobster n. m. Le lobster de l'Atlantique est déli-cieux. ☞ Le *homard*...

lock n. f. **1.** Changer le lock de la porte. ☞ la *ser-rure*... **2.** Le lock du canal de dérivation ne fonctionnenent pas. ☞ L'*écluse*...

locker [lɔkǝr] n. m. Lockers dans les couloirs d'une école. ☞ *Casiers [métalliques]*...

lockout n. m. À la grève de novembre, le patronat a riposté par un lockout. ☞ par *une fermeture de l'entreprise.*

locks n. m. ou f. Les locks de Selkirk laissent passer plusieurs bateaux chaque jour. ☞ Les *écluses...*

locksmith n. m. Je ne peux pas ouvrir la porte. Je devrai faire venir le locksmith. ☞ le *serrurier.*

logue n. f. Construire une cabane en logues. ☞ en *rondins* m., une cabane *de bois en grume.*

long jeu n. m. Un long jeu des Beatles. ☞ un *microsillon...*

loin [**combien**] loc. Combien loin sommes-nous de la ville? ☞ *À quelle distance...?*

long johns n. m. En hiver, on porte parfois des long johns. ☞ des *caleçons longs.*

longue distance [téléphone] n. f. Téléphoner longue distance. ☞ *Faire un interurbain.*

look n. m. Pour changer de look, elle s'est acheté de nouveaux vêtements. ☞ Pour changer *d'allure* f., de *genre* m., de *style...* m.

loonie n. m. Payer un loonie. ☞ un *huard* [dollar].

loophole n. m. **1.** Il y a des loopholes dans les formulaires des impôts sur le revenu. ☞ des *failles...* f. **2.** Il sait toujours trouver un loophole pour payer moins d'impôts. ☞ une *échappatoire...*

looter n. m. Lors de l'ouragan en Nouvelle-Orléan, il y a eu de nombreux looters. ☞ de nombreux *pilleurs.*

looting n. m. ☞ *Pillage.*

loudspeaker n. m. ☞ *Haut-parleur* m.

lounge n. m. Attendre quelqu'un dans le lounge de l'hôtel. ☞ *bar, salon...*

lousse adj. **1.** La corde est lousse. ☞ *lâche, n'est pas assez tendue.* **2.** Mes cordons de souliers sont

lousses. ☞ *déliés*. **3.** Son pantalon est lousse.
☞ *ample*. **4.** *Ses cheveux sont lousses.* ☞ *défaits*.
5. Le clou est lousse. ☞ Le clou est *détaché*.
6. Ma dent est lousse. ☞ Ma dent *bouge*.
7. lousser v. tr. Il faut lousser la corde.
☞ *desserrer, détendre*.

love seat n. m. ☞ *Causeuse* f. ou *Canapé* m.

low n. m. Il faut faire cuire la sauce sur le low.
☞ *à feu doux*.

luck n. f. Avoir de la luck. ☞ de la *chance*.

lumière n. f. **1.** La lumière des contrôles du magnétophone est très utile. ☞ *Le voyant...* **2.** Les
lumières de ta voiture éclairent bien la route.
☞ Les *phares...* m. **3.** Les lumières de signalisation. ☞ Les *feux...* m. **4.** Passer sur la
lumière rouge. ☞ *Brûler le feu* rouge.

lumière de rue n. f. ☞ *Réverbère* m.

lunch n. m. **1.** Prendre un lunch à midi. ☞ *déjeuner, casse-croûte, repas froid...* **2.** Prendre un
lunch au cours de l'après-midi. ☞ un *goûter*
[pour enfants], *une collation* [pour adulte]...

luquémie n. f. Être atteint de la luquémie.
☞ *leucémie*.

lymph node n. m. ☞ *Ganglion lymphatique*.

M

maché adj. Des pommes de terre machées. ☞ *en purée.*

machine à additionner n. f. ☞ Machine à *calculer.*

magnet n. m. ☞ *Aimant.*

mahogany n. m. Un meuble en mahogany. ☞ en *acajou.*

mail box [téléphone] n. J'ai un mail box. Vous pouvez me laisser un message. ☞ *une boîte aux lettres* ou une *boîte aux lettres électronique.*

mail order n. m. On achetait tout chez Eaton par le mail order. ☞ par *commande postale* f.

mains [**pleines de pouces**] loc. Il a les mains pleines de pouces. ☞ Il *est maladroit, gauche.*

maintenance n. f. Service de maintenance d'une voiture. ☞ Service *d'entretien...* m.

majeure n. f. J'ai une majeure en gestion. ☞ une *spécialisation...*

make-up n. m. ☞ *Maquillage.*

making of n. m. Le making of du nouveau film de Depardieu. ☞ la *revue de tournage*, le *documentaire...*

malle n. f. Ne pas envoyer son chèque par la malle. ☞ *le courrier*, la *poste.*

maller v. tr. Maller une lettre. ☞ *Poster* une lettre, *Mettre* une lettre *à la poste.*

management n. m. C'est un homme habile dans le management des affaires. ☞ *la gestion, la conduite, la direction...*

manager [manedʒər] n. m. Le manager d'une banque. ☞ Le *gérant...*

manager [manedʒe] v. tr. Être capable de manager ses affaires. ☞ de *s'occuper de*, de *gérer...*

mango n. f. ☞ *Mangue.*

manhole n. m. Le voleur était caché dans le manhole. ☞ *la bouche d'égout.*

manicure n. f. Elle prend soin de ses ongles. Elle s'est fait une manicure. ☞ une *manucure.* [il est également préférable d'utiliser la locution verbale *se faire manucurer*, au lieu de *se faire donner une manucure*].

manpower n. m. Nous manquons de manpower dans ce métier. ☞ *Il y a une pénurie de main-d'œuvre* f. dans ce métier.

manquer v. tr. **1.** Manquer l'autobus. ☞ *Rater...* **2.** Depuis ton départ je m'ennuie de toi. C'est dire que je te manque. ☞ C'est dire que *tu me manques.*

manslaughter n. m. ☞ Il a été accusé de manslaughter. ☞ *d'homicide involontaire, sans préméditation.*

map n. f. **1.** La map du Canada. ☞ La *carte...* **2.** La map des rues de la ville. ☞ *Le plan...*

maraschino n. m. Des cerises au maraschino. ☞ au *marasquin.*

marbre n. m. Jouer aux marbres. ☞ aux *billes* f.

March break n. m. Les élèves ont hâte au March break. ☞ *à la relâche de mars*, à la *semaine de relâche*, à la *semaine de lecture* [université].

marchand de junk n. m. Méfie-toi de lui. Ce n'est qu'un marchand de junk. ☞ un *brocanteur*.

marche [**prendre une**] loc. Prendre une marche dans les bois. ☞ *Se promener, marcher...*

marier v. pron. Il a marié la fille qu'il aimait. ☞ Il *s'est marié avec* la fille, Il a *épousé* la fille... [le fr. st. accepte v. tr. : Elle n'est pas *mariée*, Le prêtre *a marié* le jeune couple.]

marigold n. f. Décorer le parterre de marigolds. ☞ de *soucis* m., de *boutons d'or* m.

marketing n. m. Il faut songer au marketing de ce livre. ☞ *à la commercialisation*, *à la mise en marché...*

marmalade n. f. ☞ *Marmelade*.

marrow n. m. Il a le cancer du marrow. ☞ Il a le cancer de *la mœlle* [des os].

marsh n. f. Les animaux s'abreuvent dans la marsh. ☞ dans *le marais*, *le marécage*.

marshmallow n. m. ☞ *Guimauve* f.

masking tape n. m. ☞ *Ruban-cache* m.

match 1. n. m. Ne pas être un match pour ce champion musclé. ☞ Ne pas être *de taille à lutter contre...* 2. n. m. Un couple qui fait un bon match. ☞ Un couple *bien assorti*. 3. v. intr. Une cravate qui ne match pas avec cette chemise. ☞ ne *va pas* avec... 4. n. m. Il y avait un match important hier à la télé. ☞ *une joute*, un *tournoi*, *une lutte*, *une rencontre...*

matcher v. tr. 1. Essayer de matcher son ami avec telle fille. ☞ *d'amener* son ami *à fréquenter* telle fille, *à l'épouser*. **2.** Essayer de matcher les couleurs. ☞ *d'assortir*...

matériel n. m. **1.** Acheter du matériel de construction. ☞ *matériau*... **2.** S'acheter du matériel pour une robe. ☞ *tissu*... [le fr. st. accepte : *Matériel* de bureau, *Matériel* de guerre.]

mature adj. À l'âge de douze ans, il est déjà mature. ☞ *mûr, adulte*.

maturité n. f. Votre billet viendra à maturité le 20 novembre. ☞ à *échéance*...

mean adj. Il est mean envers son frère. ☞ *méchant*...

measuring tape n. m. ☞ *Mètre à ruban*.

meatball n. ☞ *Boulette de viande* f.

medicine cabinet n. m. ☞ *Armoire à pharmacie, Armoire de toilette* f.

médium adj. Comment voulez-vous votre bifteck? Médium. ☞ *À point*.

mégaphone n. m. Si on veut se faire entendre, on doit se servir d'un mégaphone. ☞ d'un *porte-voix*.

meilleur [**au meilleur de ma connaissance**] loc. Au meilleur de ma connaissance, il doit revenir demain. ☞ *En autant que je sache*...

membership n. m. **1.** Notre organisme a un membership de 400 personnes. ☞ Notre organisme *compte* 400 *membres*. **2.** Son membership au parti a été refusé. ☞ Son *adhésion* f., *appartenance* f. au parti a été refusée.

manure spreader n. m. ☞ *Éparpilleur, Épandeur de fumier*.

merry-go-round n. m. ☞ *Manège*.

mess n. m. **1.** Nous avions laissé les enfants à la maison. Lorsque nous sommes revenus, c'était un vrai mess. ☞ un vrai *fouillis*, un vrai *désordre, une vraie confusion.* 2. [militaire] Le mess des officiers. ☞ *La cantine...*

messy adj. C'est un travail messy. ☞ *sale, malpropre.*

meter n. m. 1. Parking meter. ☞ *Parcmètre, Parcomètre.* 2. Water meter. ☞ *Compteur d'eau.*

métis [meti] n. m. ☞ [metis]

mettre v. tr. 1. Mettre la lumière. ☞ *Allumer* la lumière. *Faire* la lumière. 2. Mettre la radio. ☞ *Allumer* la radio. 3. Mettre la table [dial.] ☞ *Mettre* ou *dresser le couvert.*

mezzanine n. f. Le restaurant se trouve à la mezzanine. ☞ à *l'entresol.*

microchip [électronique] n. m. Un microchip renferme quantité de renseignements. ☞ *Une micro-puce...*

microwave [**oven**] n. m. ☞ [*Four à*] *micro-ondes.*

Middle East n. p. Le président a visité le Middle East. ☞ le *Moyen-Orient.*

midwife n. f. À la naissance de son enfant, elle a retenu les soins d'une midwife. ☞ *sage-femme.*

millage n. m. 1. Faire beaucoup de millage. ☞ *Parcourir plusieurs kilomètres.* 2. Quel est le millage sur ta voiture? ☞ *kilométrage...*

milk shake n. m. ☞ *Lait frappé.*

mince pie [mins pai] n. f. ☞ *Tarte aux fruits secs.*

minced adj. Minced beef. ☞ *Bœuf haché.*

mini-stop n. m. ☞ *Dépanneur* ©.

miniskirt n. f. ☞ *Minijupe.*

minivan n. m. ☞ *Fourgonnette* f.

mink n. m. Un manteau de mink. ☞ de *vison.*

mint n. m. Des bonbons au mint. ☞ *à la menthe.*

minute n. f. Nous n'avons pas gardé les minutes de la réunion. ☞ *le procès-verbal*...

misdeal [jeu de cartes] n. m. Il me manque une carte; c'est un misdeal. ☞ *une maldonne.*

mist n. ☞ *Bruine* f.

mistake n. f. ou m. Faire une mistake. ☞ *une erreur.*

mitaine n. f. Cet homme est une mitaine. ☞ *un lâche, un peureux.* [le fr. st. accepte : Le froid sibérien oblige de porter des *mitaines* = gant qui recouvre complètement la main, ne séparant que le pouce.]

mixer [m i k s e] v. tr. Devoir mixer la farine avec la poudre à pâte. ☞ *mélanger, mêler*...

mixeur n. m. **1.** Sers-toi du mixeur pour mélanger la pâte. ☞ *du malaxeur*... **2.** J'ai loué un mixer pour faire du béton. ☞ *une bétonnière, une bétonneuse*...

MLA [abrév. **Member of Legislative Assembly**] n. ☞ *Député[e].*

mobile phone n. m. ☞ *Téléphone mobile, portable.*

mobile home n. m. ☞ *Auto-caravane* f.

mobster n. m. ☞ *Truand, Membre de la pègre.*

moi [**pour un**] loc. Moi pour un je m'oppose à ce projet. ☞ *Quant à moi*...

moist adj. Aimer un gâteau qui est moist. ☞ *mœlleux.*

moisturizer n. m. Appliquer du moisturizer sur la peau. ☞ *une lotion hydratante*... f.

mole n. m. Un des employés hautement placé au FBI était un mole. ☞ *une taupe* f.

molester v. tr. Un homme qui moleste les enfants. ☞ qui *attaque, importune, harcèle*...

mom [mɔm] n. f. ☞ *Maman.*

money order n. m. Nous lui avons envoyé un money order. ☞ un *mandat [poste/postal].*

monitor n. m. [informatique] ☞ *Moniteur.*

monsoon n. m. La saison du monsoon. ☞ *de la mousson.*

montant [angl. de *the amount of*] n. m. **1.** Le montant de travail exigé pour réussir est surprenant. ☞ l'*effort...* **2.** Ce voyage prend un gros montant de temps pour arriver à destination. ☞ *prend du temps...* [le fr. st. accepte : le *montant* d'argent, les *montants* d'une porte, le sel donne du *montant* [goût] aux aliments.]

moody adj. Être moody. ☞ *mal luné, de mauvaise humeur.*

moonlighting n. m. Pour augmenter ses revenus, il fait du moonlighting. ☞ il fait du *travail au noir.*

moonshine n. m. Il faisait de l'argent avec son moonshine. ☞ son *alcool de contrebande.*

moppe n. f. ☞ *Balai à franges* ©, *Balai à laver, Vadrouille.*

mopper [mɔpe] v. tr. Mopper le plancher. ☞ *Nettoyer, Laver...*

morning glory n. f. ☞ *Belle-du-jour.*

moron n. ☞ *Crétin[e], Débile mental[e].*

mortgage n. m. Avoir un mortgage sur sa maison. ☞ *une hypothèque...*

mortgager [mɔrgedʒe] v. tr. Mortgager la maison. ☞ *Hypothéquer...*

motor inn n. m. ☞ *Motel autoroutier, hôtel-motel.*

motto n. ☞ *Devise* f.

mountain bike n. m. ☞ *Vélo tout terrain.*

mouse n. f. [inform.] ☞ *Souris.*

mouton noir loc. C'est le mouton noir de la famille. ☞ C'est *la brebis galeuse...*

mouver v. tr. intr. ou pron. **1.** Aider à mouver le meuble. ☞ *déplacer...* **2.** La maison est vendue. Il faut mouver. ☞ *déménager.* **3.** J'ai vu le chien mouver sa queue. ☞ *mouvoir, remuer...*

M.P. n. [abrév. **Member of Parliament**] C'est notre M.P. ☞ C'est *notre député [à la chambre des communes].*

muffler n. m. Le muffler de la voiture est fini. ☞ Le *pot d'échappement fait un bruit immense,* Le *silencieux...*

mug n. m. ou f. Un mug de bière. ☞ *Une choppe, Une grande tasse...*

musique [**faire face à la**] loc. Tu as commis une erreur. Maintenant tu dois faire face à la musique. ☞ Tu dois *prendre tes responsabilités, affronter le sort.*

muskeg n. m. Sa terre n'était qu'un muskeg. ☞ *une tourbière,* un *marais.*

muskrat n. m. ☞ *Rat musqué.*

mussel n. f. ou m. ☞ *Moule [marinière]* f.

must n. m. Ce nouveau roman est un must. ☞ un *impératif,* C'est un nouveau roman *qu'il faut lire.*

N

nail file n. m. ☞ *Lime à ongles* f.

nail clipper n. m. ☞ *Coupe-ongles.*

nap n. m. Je vais prendre un nap. ☞ un *petit somme.*

napkin n. f. ☞ *Serviette* [*de table*].

NATO [acronyme de **North Atlantic Treaty Organization**] ☞ *OTAN* [acronyme pour Organisation du Traité Nord Atlantique].

necker [n ɛ k e] v. intr. Ils sont en train de necker dans la voiture. ☞ en train de *se caresser, se bécoter...*

néquiouque [n e k j ŭ k] n. m. Le néquiouque fait partie du harnais du cheval. ☞ *porte-timon, support de timon...*

nerf [**avoir le**] loc. Vous avez le nerf de me dire que j'ai menti. ☞ Vous avez *l'aplomb de...*

nervous breakdown n. m. ☞ *Dépression nerveuse* f.

net [n ɛ t] [sport] n. m. La rondelle a manqué le net. ☞ le *filet.* [le fr. st. accepte : *vaisselle nette, en avoir le cœur net, bénéfice net.*]

nettoyeur n. m. ☞ *Teinturier.*

network n. m. Le network de Radio-Canada s'étend à tout le Manitoba. ☞ Le *réseau...*

neurologiste n. m. ☞ *Neurologue.*

neutral [n u t r ə l] n. m. Mettre l'embrayage de la voiture sur le neutral. ☞ Mettre l'embrayage de la voiture *au point mort, au point neutre.*

nickname n. m. Il s'appelle Germain, mais on lui a donné le nickname de Gerry. ☞ le *surnom,* le *sobriquet...*

nightclub n. m. *Boîte de nuit* f.

nightmare n. m. L'inondation a été un vrai nightmare. ☞ *cauchemar.*

niveau [**d'alcool**] n. m. L'alcootest est destiné à mesurer le *niveau d'alcool* dans le sang. ☞ *l'alcoolémie...*

no-fault adj. Au Manitoba, nous avons l'assurance « no-fault » pour les automobiles. ☞ l'assurance *sans égard à la responsabilité...*

no fly zone n. m. ☞ *Zone d'exclusion aérienne* f.

nœud [**frapper un**] loc. Ses affaires semblaient bien aller, mais il a frappé un nœud. ☞ il a *rencontré une difficulté, un obstacle.*

nom n. m. **1.** Mon nom est Stéphane. ☞ *Je m'appelle...* **2.** Mon premier nom est Pierre. ☞ Mon *prénom* est...

nomination n. f. **1.** Les nominations de candidature doivent être reçues ce soir. ☞ *propositions...* **2.** Il est en nomination pour devenir le président. ☞ Il est en *liste...* [le fr. st. accepte : Sa *nomination* au poste de secrétaire était inattendue.]

nominer v. tr. Trois films ont été nominés aux Oscars. ☞ *sélectionnés...*

non-confiance loc. Une motion de non-confiance. ☞ Une motion de *défiance, de censure.*

noodles n. f. ☞ *Nouilles.*

nook n. m. On prend le café dans le nook de la cuisine. ☞ le *recoin*...

notice n. f. **1.** As-tu lu la notice dans le couloir? ☞ *l'affiche* f., *l'avis* m., *l'annonce*... f. **2.** Le gérant lui a donné sa notice. ☞ *l'a congédié, l'a mis à pied,* lui a donné *un avis de licenciement.* **3.** Demander une notice de six jours. ☞ *un préavis*...

notifier v. tr. Le patron l'a notifié qu'il serait congédié. ☞ *averti, prévenu*...

nozzing [**rubber**] n. m. Sur les marches de l'escalier, nous avons installé du rubber nozzing. ☞ *des rebords en caoutchouc.*

nozzle [du lave-glace] n. m. Le nozzle du lave-glace ne fonctionne plus. ☞ Le *gicleur*...

nugget n. m. Des nuggets de poulet. ☞ *pépites*... f.

nurse n. f. ☞ *Infirmier[ère], Aide familiale, Garde-malade* [vx].

O

oatmeal n. m. Chaque matin nous mangeons du oatmeal. ☞ des *flocons d'avoine*, du *gruau.*

off adv. Avoir une semaine off. ☞ une semaine *de congé, libre.*

offence [**offense**] n. f. Il a été jugé coupable d'une offense grave contre la société. ☞ *un grave délit...* [le fr. st. accepte : C'est une *offense* grave contre Dieu.]

office n. m. ou f. Le directeur veut me voir dans son office. ☞ *bureau* m.

offside [au jeu de balle] adj. ☞ *Hors-jeu.*

off-white adj. Nous avons peint le mur off-white. ☞ *blanc cassé.*

oil slick n. m. Répandre du détergent sur le oil slick. ☞ sur *la nappe de pétrole.*

ointment n. m. ☞ *Onguent.*

old-fashioned adj. Une robe old-fashioned. ☞ *démodée, vieux jeu.*

one way adj. Une rue one-way. ☞ Une rue *à sens unique.*

on hold [téléphone] loc. Mettre quelqu'un on hold. ☞ Mettre *en attente.*

OPEC n. p. [acronyme de **Organization of Petroleum Exporting Countries**] ☞ *OPEP* [Organisation des pays exportateurs de pétrole].

opener n. m. **1.** Bottle opener. ☞ *Décapsuleur, Ouvre-bouteille.*

open house n. f. À l'occasion du 50ᵉ anniversaire de ma mère, nous aurons une réception open house. ☞ une réception *portes ouvertes.*

open-minded adj. Tout en étant athée, elle respecte les croyances d'autrui. Elle est open-minded. ☞ Elle *a l'esprit ouvert.*

opératrice[teur] [téléphone] n. f. L'opératrice ne répond pas. ☞ *La standardiste...*

opérer v. tr. Comment opères-tu cet appareil? ☞ Comment *cet appareil fonctionne-t-il?*

opportunité n. f. **1.** Avoir l'opportunité d'aller en France. ☞ l'*occasion...* **2.** Un emploi qui offre de belles opportunités. ☞ *d'excellentes perspectives.* **3.** Profiter de l'opportunité qui nous est offerte. ☞ de la *chance...*

opticien n. ☞ *Optométriste, Oculiste.*

order [ɔr d e] v. tr. Order une chemise par le catalogue. ☞ *Commander...*

orégano n. m. ☞ *Origan.*

out [sport] adj. Le joueur est out sur trois prises. ☞ *retiré, mort, hors-jeu...*

outfit n. m. ou f. **1.** S'acheter un outfit de voyage. ☞ *une tenue...* **2.** S'acheter une belle outfit de printemps. ☞ une belle *toilette...* **3.** Quand tu as un accident, c'est toute une outfit que de passer par la compagnie d'assurance. ☞ une *affaire,* une *histoire, un problème...*

ouverture n. f. Il y a une ouverture comme serveuse dans ce restaurant. ☞ *un débouché, un poste...*

oven mitts n. m. ☞ *Maniques* f., *Gants de cuisine [de cuisinier].*

overalls n. Mettre ses overalls pour aller au travail. ☞ sa *salopette...* f.

overbooking n. m. La compagnie Air France se permet 20 % de overbooking. ☞ 20 % de *sur-réservation.*

overdose n. f. Une overdose de pilules. ☞ Une *sur-dose*, Une *dose excessive...*

overhâler v. tr. Envoyer sa voiture au garage pour la faire overhâler. ☞ pour la faire *rajuster*, la faire *remettre en état*, la faire *réviser, pour une mise au point.*

overhead door n. f. La overhead door du garage ne fonctionne plus. ☞ La *porte à glissière...*

overhead projector n. m. À l'église, la chorale se sert d'un overhead projector. ☞ *rétroprojecteur.*

overpass n. m. Nous allons passer sous l'overpass. ☞ sous *le pont routier.*

overseas adv. ☞ *Outre-mer.*

overshoes n. m. En hiver, on porte des overshoes. ☞ des *couvre-chaussures,* des *caoutchoucs.*

overtime n. m. Lorsqu'il y a trop de travail, nous devons faire de l'overtime. ☞ *des heures sup-plémentaires* f.

oyster n. m. J'aime bien les oysters fumées. ☞ les *huîtres...* f.

P

pacemaker n. m. Son cœur ne battait pas assez vite. On lui a installé un pacemaker. ☞ un *stimulateur cardiaque*.

package deal n. m. Mon voyage ne m'a pas coûté cher. On m'avait accordé un package deal. ☞ un *marché global, forfaitaire*.

packsack n. m. ☞ *Sac à dos*.

pad n. m. **1.** Passe-moi un pad pour que je prenne tes coordonnées. ☞ *bloc-notes...* **2.** Des pads pour jouer au hockey. ☞ *jambières...* f.

pager [pedʒr] n. m. Emporter son pager au travail. ☞ *téléavertisseur, téléchasseur...* [le terme « pagette ® » est également à éviter].

pain brun n. m. Le pain brun est meilleur pour la santé. ☞ Le pain *bis*, Le pain *de son...*

painkiller n. m. Le médecin m'a prescrit un painkiller. ☞ un *analgésique*, un *calmant*, un *médicament antidouleur*.

pain whole wheat n. m. ☞ *Pain complet*.

pallbearer n. m. Tenir le rôle de pallbearer aux funérailles. ☞ de *porteur*, de *croque-mort...*

palme n. f. Il a la palme de la main gauche toute brûlée. ☞ la *paume...*

pamphlet n. m. Trouver les instructions dans un pamphlet. ☞ un *feuillet, une brochure,* un *dépliant.* [le fr. st. accepte : Écrire un *pamphlet* attaquant la royauté = écrit satirique qui attaque avec violence.]

pane n. m. [p e n] Installer des fenêtres triple pane. ☞ des fenêtres *triple carreau.*

pancake n. f. Rien d'aussi bon que des pancakes et du sirop d'érable. ☞ des *crêpes...*

panties n. m. p. ☞ *Culotte* f., *Slip* [de femme] m.

pantry n. f. ☞ *Dépense* [endroit où l'on dépose les provisions], *Garde-manger* m.

pantsuit n. m. Elle s'est acheté un pantsuit pour le voyage. ☞ *tailleur-pantalon...*

pantyhose n. m. La mode est aux pantyhoses. ☞ aux *bas-culottes,* aux *collants.*

paperback n. m. Le livre a été publié en paperback. ☞ en *édition de poche* f.

papermane [p a p ɛ r m a n] ou **peppermint** n. m. ☞ *Pastille de menthe* f.

paperwork n. m. La pauvre infirmière passe son temps dans le paperwork. ☞ dans *la paperasserie.*

papier n. m. Je lis le papier tous les matins. ☞ *journal...*

papier de toilette n. m. ☞ *Papier hygiénique.*

papier brun n. m. On enveloppe la marchandise avec du papier brun. ☞ du papier *d'emballage,* papier *goudron.*

paqueté[e] adj. 1. La salle était paquetée. ☞ *bondée, remplie à l'excès.* 2. Un homme paqueté. ☞ *ivre.* 3. L'assemblée était paquetée. ☞ était *cuisinée.*

parc industriel n. m. ☞ *Zone industrielle* f.

pareil adv. J'irai pareil. ☞ J'irai *quand même.*

parka n. m. Avoir besoin d'un parka pour l'hiver. ☞ un *anorak,* une *canadienne...*

parker v. tr. ou intr. Parquer sa voiture. ☞ *Garer, Stationner...*

parking n. m. **1.** Garer la voiture dans le parking. ☞ *parc de stationnement.*

parking lights n. m. Tes parking lights ne fonctionnent pas. ☞ Tes *feux de position...*

parking ticket n. m. ☞ *Contravention* f.

parking meter n. m. ☞ *Parcmètre, Parcomètre.*

parlement n. m. L'ouverture du parlement. ☞ *de la législature.*

parler [à travers son chapeau] loc. Il parle à travers son chapeau. ☞ Il parle *à tort et à travers.*

parole [on] n. Après 12 ans de prison, il est on parole. ☞ il est *en libération conditionnelle.*

parsnip n. m. Je n'aime pas la soupe au parsnip. ☞ au *panais.*

part-time adj. Travailler part-time. ☞ *à temps partiel.*

particulier adj. Un homme bien particulier. ☞ *minutieux, étrange, soigneux.*

partir v. tr. **1.** Partir la voiture. ☞ *Démarrer...* **2.** Partir un commerce. ☞ *Lancer, Fonder, Créer...* **3.** Partir quelqu'un dans une entreprise. ☞ *Aider* quelqu'un *à lancer* une entreprise. **4.** v. intr. Partir à pleurer. ☞ *Se mettre* à pleurer.

partner n. m. ou f. Avoir un partner dans un commerce. ☞ *partenaire, associé(e)...*

party n. m. Nous avons un party chez le voisin ce soir. ☞ *une fête, une soirée, une réception, une veillée* ©...

passage n. m. Mon père a payé mon passage. ☞ a payé mon *billet.*

passe n. f. **1.** La passe du festival coûte encore très cher cette année. ☞ Le *laissez-passer...* **2.** Parce que mon frère a travaillé à la mise en scène de la pièce de théâtre, j'ai eu une passe pour aller voir cette comédie. ☞ *un billet de faveur...*

passer un examen loc. Je suis très heureux, car j'ai passé mon examen. ☞ car j'ai *réussi* mon examen. [le fr. st. accepte : Je passe trois examens la semaine prochaine et je ne suis pas sûr de les réussir.]

passif [forme] v. Imitant la langue anglaise, nous sommes souvent portés à employer la forme passive alors qu'il faut employer la forme active. Exemples : **1.** J'ai été enseigné par des religieuses. ☞ *Ce sont des religieuses qui m'ont enseigné.* **2.** Il a été dit d'éviter ce garçon-là. ☞ *On lui a dit* d'éviter ce garçon-là. Par ailleurs, il existe d'autres cas où nous pouvons employer la forme passive. Exemple : *J'ai été mordu par un chien.*

passion fruit n. m. ☞ *Fruit de la Passion* m., *Maracuja* m.

passtime n. m. La lecture est un bon passtime. ☞ *divertissement.*

password n. m. Pour être admis, il faut un password. ☞ un *mot de passe.*

pasta n. f. J'aime bien une pasta aux fruits de mer. ☞ des *pâtes...*

pastrami n. m. ☞ *Viande de bœuf fumé très épicé.*

pastry cutter n. m. Se servir d'un pastry cutter pour faire des biscuits de fantaisie. ☞ d'un *coupe-pâte…*

pastry shell n. m. Comme hors d'œuvre, servir des pastry shells avec poulet et champignons. ☞ servir des *vol-au-vent…*

patch n. m. **1.** Poser un patch à un pantalon déchiré. ☞ Poser *une pièce, Rapiécer…* **2.** Il y a un patch d'huile dans la rue. ☞ *une flaque d'huile…* **3.** Elle a un patch rouge sur la joue. ☞ Un *point* rouge *lui tache* la joue. **4.** Avoir un petit patch de légumes derrière la maison. ☞ *carré…* **5.** Il y a des patch de nuages dans le ciel. ☞ des *taches…* f. **6.** Se servir d'un patch pour arrêter de fumer. ☞ d'un *timbre…*

patcher v. tr. **1.** Il faut patcher le pantalon que tu as déchiré. ☞ *rapiécer…* **2.** Patcher un pneu. ☞ *Réparer…* **3.** Patcher une brèche dans un mur. ☞ *Colmater…* **4.** Patcher la rue d'asphalte. ☞ *Revêtir.*

pâte à dent n. f. ☞ Pâte *dentifrice.*

patio n. m. Un restaurant qui a un patio. ☞ *une terrasse.*

patronage n. m. Sous le présent gouvernement, il y a beaucoup de patronage. ☞ de *favoritisme.*

pattern n. m. **1.** J'aime le pattern de ce papier peint. ☞ J'aime le *dessin, motif…* **2.** Différents patternes de couverts. ☞ Différents *modèles…* **3.** Un pattern pour une robe. ☞ Un *patron…* **4.** La violence suit un pattern familier. ☞ La violence suit un *scénario* familier.

pawnshop n. m. Paul n'a reçu que 10 $ pour la montre qu'il a laissé au pawnshop. ☞ *commerce de prêt sur gage.*

payer v. tr. **1.** Payer un compliment. ☞ *Faire* un compliment. **2.** Payer attention. ☞ *Écouter.* **3.** v. intr. Payer dix dollars pour un fauteuil. ☞ Payer *un fauteuil* dix dollars. **3.** Ça paye d'être bilingue. ☞ Ça *rapporte...*

payer une visite loc. Je vais vous payer une visite la semaine prochaine. ☞ Je vais *vous rendre visite...*

payroll n. m. **1.** Son nom n'apparaît pas sur le payroll. ☞ sur le *registre du personnel.* **2.** Le payroll du personnel est élevé. ☞ *La masse salariale...*

peanut n. f. **1.** Aimer les peanuts. ☞ les *cacahouètes, cacahouettes.* **2.** Obtenir quelque chose pour des peanuts. ☞ pour *presque rien,* pour *une bagatelle.*

pécane n. f. Des tartes à la pécane. ☞ *pacane.*

pédestrien[ne] n. Les pédestriens se font parfois écraser par les voitures. ☞ *piétons...* m.

peephole n. m. J'ai regardé par le peephole de la porte et l'ai vu arriver. ☞ le *judas* de la porte...

peinture à l'eau n. f. ☞ *Aquarelle.*

pénalité n. f. Le joueur mérite une pénalité. ☞ une *punition.*

penalty n. f. J'ai reçu une penalty du ministère du Revenu, parce que j'avais omis de déclarer un revenu imposable. ☞ *Pénalité...*

penthouse n. m. ☞ *Appartement terrasse.*

pep n. m. Ce garçon-là a du pep. ☞ *C'est un garçon qui a de l'entrain* m., *de l'énergie* f.

peppé adj. Un garçon peppé. ☞ Un garçon *plein de vie, énergique.*

perennials n. f. Nous avons des perennials telles que les iris et les pivoines. ☞ [*plantes*] *vivaces*...

permanent n. m. Elle est allée chez la coiffeuse pour se faire donner un permanent. ☞ *une permanente.*

personalized licence plate n. f. ☞ *Plaque d'immatriculation personnalisée.*

peser sur le gas loc. Nous allons être en retard. Pèse sur le gas. ☞ *Accélère, Va plus vite.*

pet [p ɛ t] n. m. Les pets sont interdits. ☞ Les *animaux domestiques*, Les *animaux de compagnie*, Les *petits animaux*...

phone pass n. f. Servez-vous de votre phone pass pour appeler votre frère. ☞ *télécarte*...

phony adj. 1. Ce diamant est phony. ☞ est *faux.* 2. Ne te fie pas à lui. Il est phony. ☞ *C'*est *un poseur.*

pickerel n. m. Dans le lac Winnipeg, on pêche du pickerel. ☞ du *brocheton* [petit brochet].

picketing n. m. Il y a du picketing devant l'hôpital. ☞ Il y a *piquet de grève*...

pickle n. m. Servir des pickles. ☞ des *cornichons.*

pickled adj. J'aime bien les concombres pickled. ☞ *marinés.*

pickpocket n. m. ☞ *Voleur à la tire.*

pickup [**truck**] n. m. S'acheter un pickup pour charroyer du bois. ☞ *une camionnette*...

piercing [**body**] loc. Le body piercing n'est pas recommandé. ☞ Le *perçage*...

piggybank n. Le bébé aime bien son piggybank. ☞ *sa tirelire* f.

pike n. m. Le pike est un poisson délicieux. ☞ Le *brochet*...

piler v. tr. dir. et ind. **1.** Piler son argent. ☞ *Empiler...* [le fr. st. accepte : *Piler de l'ail* = broyer, écraser]. **2.** Piler sur la robe de la mariée. ☞ *Marcher...* **3.** loc. Je n'aime pas me faire piler sur les pieds. ☞ me faire *marcher* sur les pieds.

pilot light [lampe pilote] n. f. ☞ *Veilleuse.*

pimp n. m. Les jeunes filles doivent se méfier des pimps. ☞ des *souteneurs.*

pin [pĭn] n. f. **1.** Avoir besoin de nouvelles pins pour le bowling. ☞ *quilles...* **2.** La pin de l'embrayage est brisée. ☞ *cheville...* **3.** Je ne connais pas mon PIN [acronyme.] ☞ *NIP* [acronyme] = Numéro d'identification personnelle. **4.** On a dû lui placer une pin dans la jambe. ☞ une *broche...* **5.** Je porte toujours une pin sur ma cravate. ☞ une *épingle...*

pinball [machine] n. m. ☞ *Billard électrique.* [le fr. st. accepte *flipper* : Jouer au *flipper.*]

pin cushion n. m. ☞ *Pelotte* f., *Trousse à épingles* f.

pine nuts n. m. ou f. ☞ *Noix de pins* f., *Pignons* m.

pineapple n. m. ☞ *Ananas.*

pint n. ☞ *Demi-litre* m.

pipe n. f. Ajointer [ou aboucher] des pipes de cuivre. ☞ *tuyaux...* m.

piqueter v. tr. ou intr. Piqueter une usine. ☞ *Former un piquet de grève aux portes d'une usine.*

pit [pĭt] n. m. Avoir un pit de gravier. ☞ *une carrière*, un *trou*, *une fosse...*

pitcher [pitʃər] n. m. **1.** Apporter un pitcher d'eau. ☞ *une cruche.* **2.** [sport] Le pitcher. ☞ Le *lanceur.*

pitcher [pitʃe] v. tr. Pitcher la balle. ☞ *Lancer...*

pitted adj. Des prunes pitted. ☞ *dénoyautées*.

place mat n. Je n'ai pas de nappe alors je me sers de place mats. ☞ *napperons* m.

placer v. tr. Ne pas pouvoir placer une personne. ☞ *situer, identifier* une personne.

plaisir [**C'est mon plaisir**] formule de politesse. « Je vous remercie de nous avoir accordé cet entretien ». « C'est mon plaisir ». ☞ *« Je vous en prie»*, *« Merci à vous »*.

plan n. m. **1.** Plan d'assurance. ☞ *Régime* d'assurance. **2.** Plan de pension. ☞ *Régime de retraite*. **3.** Tout se passe selon les plans. ☞ Tout se passe *tel que prévu, selon les prévisions*. **4.** Faire des plans. ☞ Faire des *projets*.

plancher n. m. **1.** Habiter au deuxième plancher. ☞ au deuxième *étage*. **2.** Premier plancher. ☞ *Rez-de-chaussée* [dont le plancher est sensiblement au niveau du sol, de la rue ou d'un jardin. Dans ce dernier cas on utilise également la locution *rez-de-jardin*].

planner v. tr. Devoir planner la soirée. ☞ *planifier*...

plasticine n. f. Les jeunes enfants aiment se servir de plascticine pour produire des objets d'art. ☞ de *pâte à modeler*...

plastrer v. tr. Plastrer les murs. ☞ *Plâtrer*...

plate-forme n. f. **1.** La plate-forme de la gare. ☞ *Le quai* de la gare. **2.** La plate-forme pour l'orchestre. ☞ *L'estrade*... [le fr. st. accepte : la *plate-forme* de l'échafaudage, La *plate-forme* électorale d'un parti.]

plot [plɔt] n. m. Dans cette pièce de théâtre, le plot est intéressant. ☞ l'*intrigue*... f.

plug [plɔg] n. f. **1.** Après ton bain, tire la plug

pour vider la baignoire. ☞ la *bonde*, le *bouchon*... **2.** Il y a trois plugs électriques au mur de la cuisine. ☞ *prises de courant*... **3.** La plug du grille-pain est brisée. ☞ *fiche*... **4.** Mettre une plug pour s'assurer que la vis ne tombera pas. ☞ Mettre une *cheville*...

pluguer [plɔɡe] v. tr. **1.** Pluguer la télévision. ☞ *Brancher*... **2.** Plugger un trou. ☞ *Colmater, Boucher*...

plumber n. m. ☞ *Plombier*.

plumbing n. m. ☞ *Plomberie* f.

plunger [plɔndʒər] n. m. Se servir du plunger pour déboucher l'évier. ☞ du *débouchoir*...

plywood n. m. Des murs faits en plywood. ☞ en *contre-plaqué*.

pocketbook n. m. ☞ *Livre de poche*.

poli n. m. Poli à ongle. ☞ *Vernis* à ongle.

police n. f. Quand nous avons vu la police nous avons ralenti. ☞ *l'agent [de police], le policier*... [le fr. st. accepte : La *police* est plus nécessaire que jamais = ensemble d'organes et d'institutions assurant le maintien de l'ordre public].

Police montée n. f. ☞ *Gendarmerie royale*.

poll n. m. **1.** Les polls favorisent tel homme. ☞ *sondages*... **2.** On vote à tel poll. ☞ On vote à tel *bureau de scrutin*.

pond [pɔnd] n. m. Un pond près de la maison. ☞ Un *étang*...

pool n. m. **1.** Un swimming pool. ☞ *Une piscine*. **2.** Il organise des football pools. ☞ Il organise des *paris sur les parties de football*. **3.** Ils se rendent au travail en carpool. ☞ *par co-voiturage*. **4.** Aimer jouer au pool. ☞ *billard*. **5.** Nous

avons mis nos ressources dans un pool.
☞ Nous avons mis nos ressources *en commun.*

popcorn n. m. ☞ *Maïs soufflé.*

popper v. tr. Faire popper le couvercle de la bouteille. ☞ Faire *sauter...*

poppy n. m. **1.** Porter un poppy à sa boutonnière lors de l'Armistice. ☞ un *coquelicot...* **2.** Faire pousser des poppies dans son jardin. ☞ des *[plants de] pavots...*

poqué[e] p. p. Avoir la figure poquée. ☞ *marquée de coups.*

porche n. m. Le porche de l'église. ☞ Le *vestibule...*

porcupine n. m. ☞ *Porc-épic.*

pork chop n. m. Des pork chops délicieux. ☞ Des *côtelettes de porc...*

pork cutlet n. m. Notre chef nous a servi des pork cutlets. ☞ des *escalopes de porc*, des *côtelettes de porc.*

porridge [oatmeal] n. m. ☞ *Gruau* m.

portable phone n. m. ☞ *Téléphone sans fil, mobile.*

porte de screen n. f. ☞ Porte *moustiquaire.*

poscarte n. f. ☞ *Carte postale.*

position n. f. Il a une bonne position dans cette compagnie. ☞ un *bon emploi...*

postdated adj. Un chèque postdated. ☞ *postdaté.*

poste-carte n. f. J'ai reçu une poste-carte de mon ami. ☞ une *carte postale...*

poster [postər] n. m. J'ai mis un poster dans la vitrine pour annoncer notre partie de cartes. ☞ une *affiche...*

postgradué[e] adj. Il fait des études postgraduées. ☞ des études *de deuxième* ou *troisième cycle.*

post-it n. m. Noter de l'information sur un post-it. ☞ un *papillon adhésif amovible.*

postman [postman] n. m. Le postman nous a apporté un paquet enregistré. ☞ Le *facteur...*

post office n. m. ☞ *Bureau de poste.*

postponer v. tr. Nous devrons postponer notre rendez-vous au mois prochain. ☞ *reporter, remettre...*

pot [pɔt] n. m. **1.** Il vend du pot. ☞ *de la marijuana, de l'herbe,* du *hasch.* **2.** Un pot [pɔt] de terre. ☞ Un *pot* [po] de terre.

pothole n. m. La route est couverte de potholes. ☞ *nids de poules.*

potluck n. m. ☞ *Repas-partage, Souper-partage, Repas à la fortune du pot* [à la bonne franquette, sans façon, sans cérémonie.]

pot roast n. m. ☞ *Rôti braisé, Rôti à la cocotte.*

pouvoir n. m. Ne pas avoir de pouvoir [électrique.] ☞ *courant...*

powerboat n. m. ☞ *Hors-bord.*

power brakes n. m. ☞ *Servofreins, Freins assistés.*

power cord n. m. ☞ *Fil* ou *Cordon d'alimentation* [*électrique.*]

power d'attorney n. Le père étant malade, c'est son fils qui a le power d'attorney. ☞ qui a *la procuration.*

powerline n. f. La powerline passe tout près de chez nous. ☞ La *ligne à haute tension...*

power lock n. m. Ma voiture possède un power lock. ☞ un *verrouillage automatique*

power saw n. f. ☞ *Scie mécanique, Scie à chaîne.*

power steering n. m. ☞ *Servodirection* f., *Direction assistée* f.

pratique n. f. Une pratique sportive. ☞ Un *exercice sportif,* Un *entraînement sportif.*

pratiquement adv. Être pratiquement certain. ☞ Être *presque* certain.

pratiquer v. tr. **1.** Pratiquer une pièce. ☞ *Répéter* une pièce. **2.** Pratiquer le piano. ☞ *S'exercer* au piano. **3.** Pratiquer le karaté ☞ *S'entraîner* au karaté. [le fr. st. accepte : *Pratiquer* une religion, *Pratiquer* une fenêtre dans un mur, *Pratiquer* un métier.]

préjudice n. m. Avoir des préjudices contre les étrangers. ☞ *préjugés...* [le fr. st. accepte : Les paroles de cet homme ont porté *préjudice* à mon frère = lui ont fait du tort].

première classe n. f. **1.** Le repas était de première classe. ☞ *excellent.* **2.** Elle est une candidate de première classe. ☞ une candidate *exceptionnelle, remarquable.*

prendre v. tr. ou intr. **1.** Prendre une photo de la maison. ☞ *Photographier* la maison. [le fr. st. accepte : prendre quelqu'un/quelque chose *en photo.*] **2.** Prendre une marche. ☞ *Se promener, Marcher.* **3.** Prendre la part de quelqu'un. ☞ *Se porter à la défense* de quelqu'un. **4.** Prendre quelqu'un par surprise. ☞ *Surprendre* quelqu'un. **5.** [Prendre pour acquis] loc. Nous prenons pour acquis qu'il viendra. ☞ *Nous tenons* pour acquis, *Nous tenons pour certain.* **6.** [Prendre soin] loc. Tu es malade. Prends soin. ☞ Fais bien attention à toi, Prends soin de toi. **7.** [Prendre charge] loc. Voudrais-tu prendre charge des enfants pendant mon absence? ☞ Voudrais-tu *te charger* des enfants, Voudrais-tu *prendre en charge* les enfants. **8.** [Prendre son vent] loc. Laisse-moi prendre mon vent. ☞ prendre mon *souffle*. **9.** Prendre du mieux. ☞ *Se porter* mieux. **10.** v. tr. Prendre un cours en informatique. ☞ *Suivre* un cours.

prérequis n. m. La connaissance du français est un prérequis pour être accepté. ☞ est *préalablement nécessaire*, est un *préalable*, est une *condition préalable*...

prescription n. f. Nous avons besoin d'une prescription du médecin pour obtenir certains médicaments. ☞ une *ordonnance*...

preset adj. Les effets sonores sont preset. ☞ *préprogrammés*.

pression n. f. Une personne qui souffre de haute pression ou de basse pression. ☞ qui souffre *d'hypertension* ou *d'hypotension*. [le fr. st. accepte : *travailler sous pression*].

pressure cooker n. m. Faire cuire ses légumes dans un pressure cooker. ☞ un *autocuiseur*.

pretzel n. m. ☞ *Bretzel*.

preview n. m. Un preview du prochain film. ☞ Un *aperçu*, Une *avant-première*.

primer [prajmər] n. m. Devoir commencer à peindre le mur avec un primer. ☞ *une couche d'apprêt, une sous-couche*.

principal[e] n. m. ou f. Le principal du collège Louis-Riel. ☞ *directeur, directrice*...

printer n. m. L'ordinateur est accompagné d'un printer. ☞ d'*une imprimante*.

pro-abortion adj. C'est un mouvement pro-abortion. ☞ *pro-avortement*.

pro-life adj. C'est un mouvement pro-life. ☞ *provie*.

probation n. f. L'accusé est en probation. ☞ L'accusé est en *liberté surveillée*.

problème n. m. Ça ne me regarde pas. C'est son problème. ☞ C'est son *affaire* f.

programme n. m. J'aime bien ce programme télévisé. ☞ cette *émission* [f.] télévisée. [le fr. st. accepte : Qu'est-ce qu'il y a au *programme* aujourd'hui?]

projet n. m. Le coût du projet de construction. ☞ Le coût *des grands travaux*. [le fr. st. accepte : Étudier le projet de construction d'une nouvelle route.]

prong n. f. Une fiche à trois prongs. ☞ à trois *broches*.

propeller n. m. Le propeller de l'avion s'est brisé. ☞ *L'hélice* de l'avion...

propeller shaft n. m. Je dois faire remplacer le propeller shaft de ma voiture. ☞ *l'arbre de transmission* de ma voiture.

prosécution n. f. La prosécution a présenté des preuves accablantes. ☞ La *partie poursuivante*, la *partie plaignante*, la *poursuite*...

psychologue [sikɔlɔg] n. ☞ [psikɔlɔg]

puck n. f. ☞ *Rondelle*.

puddle n. m. J'ai marché dans un puddle d'eau. ☞ *une flaque* d'eau.

puff 1. n. m. Il aime ça faire du puff. ☞ Il aime *se vanter, faire l'important. 2.* n. f. Une puff de cigarette. ☞ Une *bouffée*, Une *touche*...

puffed wheat n. m. ☞ *Blé soufflé*.

puffer [pɔfər] n. m. ☞ *Inhalateur*.

pull n. m. Avoir du pull auprès du directeur. ☞ *de l'influence*... f.

punch n. m. ☞ *Grog*.

punchbag n. m. Il s'exerce avec un punchbag pour devenir boxeur. ☞ un *sac de sable*...

puncher [pɔntʃe] v. tr. Devoir faire puncher son billet avant de monter dans le train. ☞ faire *poinçonner, composter...*

punching bag n. m. ☞ *Sac [de pugiliste].*

puppy 1. n. m. Un puppy. ☞ Un *chiot.* **2.** adj. Puppy love. ☞ *Premier amour, Amourette d'adolescent.*

purse n. f. Déposer son maquillage dans sa purse. ☞ son *sac à main* m.

push-button n. m. Nous nous sommes installé un push-button à la porte. ☞ *poussoir, bouton...*

push-up n. m. Je fais des push-ups pour dévelop-per mes biceps. ☞ des *redressements brachials,* des *pompes...*

pusher [pŭʃər] n. m. Le pusher sera puni. ☞ *revendeur [de drogue]...*

puzzle n. m. **1.** [jeu] Je termine un puzzle qui représente un château. ☞ *casse-tête...* **2.** Je ne comprends rien à cette histoire. C'est un vrai puzzle. ☞ *une énigme,* un *mystère.* **3.** [jeu] Il s'amuse à faire un crossword puzzle. ☞ *des mots croisés.*

Q

4 à 6 p.m. ☞ *16 h à 18 h.* [la lettre *h* s'écrit sans point abréviatif et est précédé et suivi d'un espace.]

quad n. m. À l'âge de 98 ans, il vient de s'acheter un quad. C'est un peu téméraire. ☞ un *véhicule tout-terrain.*

qualification n. f. Je doute qu'il ait les qualifications requises pour enseigner. ☞ les *compétences,* les *capacités...*

quart [kwart] n. f. Une quart de lait. ☞ Une *pinte...*

quatre-saisons n. f. Je cultive des quatre-saisons. ☞ des *hortensias* m.

queen-size n. m. [lit] ☞ *Grand lit à deux places.*

quelque chose comme loc. Je lui dois quelque chose comme deux cents dollars. ☞ Je lui dois *environ...*

questionnable adj. Tes arguments sont questionnables. ☞ sont *contestables.*

questionner v. tr. Nous devons questionner son honnêteté. ☞ Nous devons *mettre en doute...* [le fr. st. accepte : Questionner un élève, un accusé.]

quilt n. m. Lit couvert d'un quilt. ☞ *couvre-lit*, *édredon*, [*piqué*], d'une *courtepointe*.

quilting n. m. Suivre un cours de quilting. ☞ un cours de *ouatine*, de *rembourrage*, de *capitonnage*.

quintuplet n. m. Le Canada a une famille de quintuplètes. ☞ *quintuplés*.

quiz n. m. Nous organisons un quiz portant sur les villes du Canada. ☞ un *jeu-concours*, un *jeu-questionnaire*, un *test formatif*...

R

raccoon n. m. Les raccoons sont des animaux travaillants. ☞ Les *ratons-laveurs...*

racetrack n. m. Les chevaux auront de la difficulté. Le racetrack est boueux. ☞ Le *champ de courses...*

rack n. m. **1.** Rack pour bicyclettes. ☞ *Râtelier à* bicyclettes. **2.** Rack pour les bagages. ☞ *Porte-bagages.* **3.** Rack pour les bouteilles. ☞ *Casier* à bouteilles. **4.** Rack à vaisselle. ☞ *Égouttoir...*

racket n. m. **1.** Les jeux du hasard sont un vrai racket. ☞ *une vraie escroquerie.* **2.** Le racket des voitures volées. ☞ Le *trafic...* **3.** Avoir besoin d'une racket pour jouer au tennis. ☞ une *raquette...*

racqué p. p. [anglic. de *to wreck*] Je suis tout racqué. ☞ *courbaturé.*

radius n. m. Le médecin accepte des clients dans un radius de 5 kilomètres. ☞ dans un *rayon...*

raffle n. f. Organiser une raffle pour les réfugiés. ☞ une *tombola...*

raid n. m. Un raid de la police. ☞ *Une descente* de la police.

raider v. tr. Raider le jardin du voisin. ☞ *Marauder dans* le jardin du voisin.

raincoat n. m. ☞ *Imperméable, Ciré.*

raincheck n. m. Je ne peux pas aller dîner avec toi ce soir, mais je vais prendre un raincheck. ☞ mais *ça sera pour une autre fois.*

raise n. f. **1.** Une raise de salaire. ☞ Une *augmentation...* **2.** n. m. [jeu de bridge] Si tu as tel nombre de points tu me donnes un simple raise. ☞ un simple *soutien.*

range [r e n d ʒ] n. m. Son range de voix est très étendu. ☞ Son *registre...*

rape [r e p] n. m. **1.** Commettre un rape. ☞ un *viol.* **2.** Semer du rape. ☞ du *colza.*

raper v. tr. Raper une jeune fille. ☞ *Violer...*

rapport n. m. **1.** Un rapport d'impôts. ☞ Une *déclaration* d'impôts, *de revenus.* **2.** Rapport de l'assemblée. ☞ *Compte-rendu...*

rapporter v. tr. Il m'a rapporté à la police. ☞ Il m'a *dénoncé...*

rayon des cosmétiques n. m. ☞ *Produits de beauté.*

RCMP n. p. [abrév. **Royal Canadian Mounted Police**] ☞ *GRC* [acronyme : Gendarmerie Royale Canadienne].

réacter v. intr. Il a bien mal réacté lorsque je lui ai annoncé la nouvelle. ☞ *Il a bien mal réagi...*

réajuster v. tr. Devoir réajuster les prix. ☞ *rajuster...*

real estate n. m. Le real estate est à la hausse. ☞ Les *propriétés immobilières sont...* f., Les *biens immobiliers sont...* m., Le *marché immobilier est...* m.

receiver [téléphone] n. m. C'est par le receiver que tu entends la voix de ton interlocuteur. ☞ *combiné...*

recliner n. m. Avoir un fauteuil recliner. ☞ fauteuil *inclinable, à dossier réglable.*

recorder [**tape recorder**] n. m. ☞ *Magnétophone.*

record n. m. **1.** Trouver une chanson sur un vieux record. ☞ un vieux *disque.* [*microsillon* ou *disque de longue durée.*] **2.** Nous avons son record. ☞ *dossier.* **3.** loc. Briser un record. ☞ *Battre* un record.

recouvrir v. tr. Recouvrir la santé. ☞ *Recouvrer* la santé. [le fr. st. accepte : Recouvrir un fauteuil à neuf.]

red currant n. On fait de la gelée avec des red currants. ☞ *groseilles rouges, gadelles* © f.

red herring n. m. C'est un red herring. ☞ *C'est pour brouiller les pistes,* C'est *une diversion.*

red light n. Il faut arrêter à la red light. ☞ *au feu rouge* m.

redneck n. m. ☞ *Rustre, Colon, Paysan.*

red tape n. m. Il y a beaucoup de red tape pour obtenir un passeport. ☞ beaucoup de *bureaucratie* f., *tracasserie administrative...* f.

reel n. m. **1.** Le reel du tuyau d'arrosage est brisé. ☞ Le *dévidoir...* **2.** Le reel de la canne à pêche. ☞ Le *moulinet...*

réenforcer v. tr. Il faut réenforcer la boîte. ☞ *renforcer...*

referee n. m. ☞ *Arbitre.*

référer v. tr ind. **1.** Il réfère à l'accident. ☞ Il *se* réfère à l'accident. **2.** Nous allons référer la question au recteur. ☞ Nous allons *soumettre* la question... **3.** Le médecin m'a référé à un spécialiste. ☞ Le médecin m'a *adressé* à un spécialiste. [le fr. st. accepte : Je me réfère au dictionnaire pour la définition de la sagesse.]

refill n. m. **1.** Avoir besoin d'un refill pour son stylo. ☞ *une cartouche* [*de rechange.*] **2.** Un refill [d'essence]. ☞ Un *plein d'essence*.

refillable adj. Mon stylo est refillable. ☞ *rechargeable*.

refresher course n. m. ☞ *Cours de recyclage*.

refund n. m. ☞ *Remboursement*.

regarder v. imp. ou intr. **1.** Ça regarde mal pour les récoltes. Il n'y a pas de pluie. ☞ *Ça se présente mal, Ça ne paraît pas bien...* **2.** Elle regarde mal. ☞ Elle *ne paraît pas [être] bien*. **3.** Il regarde comme son père. ☞ Il *ressemble à...* **4.** Regarder à un problème. ☞ *Étudier, Examiner* un problème.

régulier[e] adj. Demander de l'essence régulière. ☞ essence *ordinaire*.

réhabilitation n. f. Aujourd'hui, nous travaillons à la réhabilitation des criminels. ☞ à la *réadaptation*, à la *rééducation...* [le fr. st. accepte : Réhabilitation d'un auteur tombé dans l'oubli, Sa réputation a assuré sa réhabilitation.]

relief n. m. Être sur le relief. ☞ *Recevoir l'assistance sociale* f., *les prestations sociales* f.

relish n. f. ou m. Certains aiment manger leur hot dog avec du relish. ☞ avec *des condiments aux cornichons*.

relocaliser v. tr. **1.** Il vient d'être relocalisé à un autre travail. ☞ Il vient d'être *affecté à...*, Il vient *de changer de lieu de travail*. **2.** Nous allons nous relocaliser ailleurs. ☞ nous *installer*, nous *allons déménager...*

remote control n. m. Se servir du remote control pour changer de chaîne. ☞ *de la télécommande...*

remote-controlled adj. Une voiture remote-controlled. ☞ *téléguidée.*

remover n. m. Enlever des taches avec du remover. ☞ [pour vernis] *dissolvant*; [pour taches] *détachant*; [pour peinture] *décapant.*

remplir v. tr. Le médecin a rempli l'ordonnance. ☞ a *exécuté...*

renverser [**les frais**] loc. Je veux téléphoner et renverser les frais. ☞ Je veux téléphoner *en PCV* [abrév. de *PerCeVoir, à frais virés.*]

repellant [r i p ɛ l ə n t] n. m. Du repellant pour les moustiques. ☞ Du *chasse-moustique...*

répéter v. tr. Répéter une classe. ☞ *Redoubler...*

répondre v. tr. ind. Répondre à la porte. ☞ *Ouvrir* la porte. [le fr. st. accepte : *Répondre* au téléphone.]

reporter [r i p ɔr t ər] n. Le reporter a décrit le scandale dans le journal. ☞ le *reporter* [r ə p ɔr t ɛr], le *journaliste...*

résigner v. int. Il refuse de se soumettre à l'autorité. Donc, il doit résigner. ☞ il doit *résigner ses fonctions*, il doit *démissionner.*

resort [r i z ɔr t] n. m. Mon frère possède un resort donnant sur le lac Winnipeg. ☞ possède un *lieu de séjour, de vacances,* un *centre de villégiature...*

respirer v. tr. Respirer de la fumée. ☞ *Aspirer...*

respite n. m. Une personne qui est en respite dans un foyer. ☞ en *répit...*

restless adj. Cet élève est restless. ☞ *agité, turbulent.*

retardé[e] n. C'est un retardé mental. ☞ un *arriéré mental.*

retirer [**se**] v. pron. Se retirer après avoir travaillé trente ans. ☞ *Prendre sa retraite...* [le fr. st. accepte : Je me *retire* chez moi, Je me *retire* de cette activité.]

retourner un appel loc. Il m'a téléphoné. Je vais retourner son appel. ☞ Je vais *le rappeler*.

réusable adj. Du papier réusable. ☞ *réutilisable*.

revenge n. f. Prendre sa revenge. ☞ sa *revanche*.

revel n. m. Aimer manger un revel quand il fait chaud. ☞ une *sucette au chocolat*, une *glace* [*garnie de chocolat*]...

rêver [**en couleur**] loc. Il croit gagner le premier prix mais il rêve en couleur. ☞ mais il *se fait des illusions*, il *s'illusionne*.

reverse n. m. Mettre l'embrayage sur le reverse. ☞ Mettre l'embrayage *en marche arrière* f.

revirer [**à l'envers**] loc. Dans l'accident, la voiture a reviré à l'envers bien des fois. ☞ a fait *plusieurs tonneaux*.

revolving door n. f. ☞ Porte tambour.

rewind v. tr. Rewinder l'horloge. ☞ *Remonter*...

riche adj. Un dessert trop riche. ☞ trop *sucré*. [le fr. st. accepte : des aliments riches = nourrissants, nutritifs.]

rip-off n. m. Il a dû payer 10 000 $ pour cette voiture. C'est un vrai rip-off. ☞ une *vraie escroquerie*, il s'est *fait avoir*.

ride [r a j d] n. f. **1.** Aller prendre une ride en voiture. ☞ *faire un tour*, une *randonnée*... **2.** Donner une ride à quelqu'un dans sa voiture. ☞ *Emmener quelqu'un...* **3.** Prendre une ride en hélicoptère. ☞ *Faire un tour...* **4.** C'est ma première ride en Rolls. ☞ *C'est la première fois que je me promène* [*que je roule*] en

Rolls. **5.** Aller prendre une ride en train. ☞ Aller *faire un voyage* en train.

rim n. m. **1.** On a enlevé un pneu de la voiture. Il ne reste plus que le rim. ☞ *la jante*. **2.** Le rim des lunettes. ☞ *La monture...*

rind n. f. Il faut ajouter à la recette une cuillérée de rind de citron. ☞ une cuillérée de *zeste* de citron.

ring n. m. La police a découvert un ring de prostitution à Anger. ☞ un *réseau...*

rink [**skating**] n. m. Le hockey se joue au skating rink. ☞ *à la patinoire.*

riot n. m. L'arrivée de la police a causé un riot. ☞ *une émeute.*

roadblock n. m. Nous avons dû faire un détour car il y avait un roadblock. ☞ un *barrage routier.*

road rage n. f. Les embouteillages peuvent causer la road rage. ☞ la *rage au volant.*

roaster p. p. À l'occasion de sa retraite, nous l'avons fêter et nous l'avons roasté. ☞ nous l'avons *mis en boîte.*

rocket n. m. Lancer un rocket de détresse. ☞ une *fusée*, une *roquette...*

rod n. f. **1.** Une rod pour les rideaux. ☞ Une *tringle à rideaux.* **2.** Une fishing rod. ☞ Une *canne à pêche.*

roller blade n. Les roller blades sont à la mode. ☞ *patins en ligne* m., *patins à roues alignées...*

roller board n. m. C'est la mode pour les jeunes de faire du roller board. ☞ *de la planche à roulettes.*

roller skates n. m. Les jeunes font des pirouettes en roller skates. ☞ *patins à roulettes.*

roller coasters n. m. C'est très amusant d'aller en roller coasters. ☞ *montagnes russes* f.

roller towel n. m. Les roller towels sont commodes dans la cuisine. ☞ Les *rouleaux essuie-mains...*

roll-top (bureau) n. m. ☞ Bureau *à cylindre.*

romantique adj. Cette jeune fille est trop romantique pour son âge. ☞ trop *romanesque...* [le fr. st. accepte : L'époque *romantique* a produit de grands écrivains.]

ronde n. f. **1.** C'est la troisième ronde de négociation. ☞ troisième *séance...* [le fr. st. accepte : La nouvelle s'est répandue à dix lieues à la *ronde,* L'agent de sécurité fait sa *ronde.*] **2.** Il s'est fait battre en trois rondes. ☞ *parties, reprises.*

rookie [sport] n. m. Il est un rookie au hockey. ☞ une *recrue...*

roomer [r u m e] v. intr. Roomer avec un ami. ☞ *Loger...*

root canal n. m. ☞ *Canal dentaire.*

rose-hip n. De la confiture de rose-hip. ☞ confiture *d'églantine* f.

rotary dial [téléphone] n. m. ☞ *Appareil à cadran.*

rototiller ® n. m. Se servir d'un rototiller pour labourer. ☞ un *rotoculteur, un motoculteur...*

rouge [**être dans le**] loc. ☞ Le gouvernement est dans le rouge chaque année. ☞ *endetté, en déficit...*

rough adj. **1.** Avoir la peau rough. ☞ *rugueuse.* **2.** Un homme rough. ☞ *brutal, violent.* **3.** Voisinage rough. ☞ *Mauvais* voisinage. **4.** Une mer rough. ☞ *agitée, houleuse.* **5.** Un sport rough. ☞ *brutal.* **6.** Des garçons rough. ☞ *durs.* **7.** Du linge rough. ☞ *rêche,* *rugueux.* **8.** Une épreuve qui est rough. ☞ Une épreuve qui est *dure.* **9.** Un terrain rough. ☞ *accidenté.*

round steak n. m. ☞ *Ronde de bœuf* f.

Royal Mint n. p. ☞ *Monnaie royale* f.

RRSP [abrév. registered retirement savings plan] ☞ *REER* [abrév. régime enregistré d'épargne-retraite].

rubbers n. m. Nous étions si pauvres que nous portions des rubbers en hiver. ☞ *bottes de caoutchouc...* f.

rubbish n. m. **1.** Jeter le rubbish dans la poubelle. ☞ *les ordures...* f. **2.** Ce qu'il dit n'est que du rubbish. ☞ Ce qu'il te dit *ne sont que des bêtises.* **3.** Ce magasin ne vend que du rubbish. ☞ ne vend que *de la camelote.*

rump steak n. m. ☞ *Culotte de bœuf* f.

rumpus room n. m. Nous avons installé une table de billard dans le rumpus room. ☞ dans *la salle de jeux.*

run n. f. **1.** Gagner une run. ☞ une *course.* **2.** Un laitier qui fait sa run. ☞ *tournée.* **3.** Avoir une run dans son bas. ☞ Avoir *un bas qui se démaille, qui file,* Avoir une *échelle* dans un bas.

runner [r ɔ n ə r] n. m. S'acheter un table runner pour protéger le dessus de table. ☞un *tapis de table...*

runner [r ɔ n e] v. tr. ou intr. **1.** Aimer runner les choses. ☞ *diriger, conduire...* **2.** Il a décidé de runner pour le parti Libéral aux prochaines élections. ☞ Il a décidé de *se présenter comme candidat* pour le parti Libéral.

running shoes n. m. ☞ *Chaussures de sports* [*de course*] f., *espadrilles* [can.] m.

runway n. m. L'avion ne pourra pas décoller. Le runway est couvert de verglas. ☞ *La piste de décollage* est couverte...

rush hour loc. Ne pas aimer conduire durant le rush hour. ☞ durant *l'heure de pointe*.

rustproof adj. **1.** Cette peinture est rustproof. ☞ *antirouille*. **2.** Ce tuyau de métal est rustproof. ☞ *inoxydable*.

rut [r ɔ t] n. f. **1.** La route est couverte de ruts. ☞ *d'ornières*. **2.** Il vit dans une rut. ☞ une *routine*.

rye n. m. Un champ de rye. ☞ de *seigle*.

S

safe [sef] adj. ou n. **1.** Être safe dans telle résidence. ☞ *en sécurité...* **2.** Être safe au premier
but. ☞ *sauf...* **3.** Mettre son argent dans un
safe. ☞ un *coffre-fort.* **4.** Une voiture qui est
safe. ☞ qui est *sécuritaire.*

sage [sedʒ] n. m. Un peu de sage dans la soupe.
☞ *sauge...* f.

salad bar n. m. Ce restaurant présente un excellent
salad bar. ☞ un excellent *buffet de salades.*

salad dressing n. ☞ *Vinaigrette* f.

sale [sel] n. f. **1.** Une robe en sale. ☞ en *solde* m.
2. Cette maison est en sale. ☞ en *vente* f.

salle centenaire n. f. Nous venons de construire
une belle salle centenaire à Lourdes. ☞ une
belle salle *du centenaire...* [Une salle centenaire est une salle qui a cent ans].

salle à dîner n. f. ☞ *Salle à manger.*

sample n. m. Un sample de laine. ☞ *échantillon...*

sandblasting n. m. On est à faire du sandblasting
de la façade de ce bel édifice. ☞ à faire du
décapage à la sableuse, à faire *le ravalement...*

sanité n. f. Avec de tels enfants, elle va perdre sa
sanité. ☞ sa *santé mentale.*

saran wrap ® [**cling film**] n. m. ☞ *Film alimentaire [transparent]*, *Pellicule plastique [de marque Saran]* f., *Pellicule rétractable* f.

saskatoon n. f. Chaque été nous allons cueillir des saskatoons. ☞ *poirettes* ©, *amélanches*.

satchel n. m. ☞ *Sac de voyage*.

sauce aux pommes n. f. Du porc servi avec une sauce aux pommes. ☞ *compote* aux pommes.

sauver v. tr. Sauver de l'argent. ☞ *Épargner* de l'argent. [le fr. st. accepte : *sauver* son âme].

saveur n. f. La saveur de crème glacée que je préfère est celle du café. ☞ *L'essence* de... [le fr. st. accepte : Ce gâteau a une *saveur*, un goût agréable.]

scab n. m. Les scabs travaillent dans l'usine. ☞ *briseurs de grève...*

scallion n. Une sauce aux scallions. ☞ *échalotes* f.

scallop n. m. Une soupe aux scallops. ☞ *pétoncles*.

scalloped adj. Pommes de terre scalloped. ☞ *gratinées, au gratin*.

scam n. m. Cette publicité est un scam. ☞ est *une escroquerie*, un *attrape-nigaud*.

scampi n. f. [italianisme à éviter] La chair des scampi est délicieuse. ☞ *queue de langoustine...*

scan [**ultra sound**]© n. m. Aller à l'hôpital pour un scan. ☞ une *échographie*.

scanner n. m. **1.** [médecine] Le médecin veut m'examiner à l'aide d'un scanner. ☞ *tomodensitomètre, dispositif de balayage*. **2.** [inform.] Mon scanner me permet de numériser une image. ☞ *numériseur* [à balayage]...

scapegoat n. m. Mon ami n'est que le scapegoat dans ce scandale. ☞ le *bouc émissaire...*

scarecrow n. m. Installer un scarecrow dans le jardin pour éloigner les oiseaux. ☞ un *épouvantail*...

scarf n. m. Porter un scarf parce qu'il fait froid. ☞ *foulard*, une *écharpe*...

schedule n. f. ou m. **1.** Quel est la schedule de la réunion? ☞ *l'horaire*... m. **2.** Je vais consulter mon schedule pour voir si je suis libre. ☞ mon *calendrier*...

scientiste n. m. Les scientistes, par leurs recherches, aident à soulager la souffrance des cancéreux. ☞ Les *scientifiques*... [en français le terme *scientiste* est utilisé de façon péjorative en philosophie pour désigner les partisans du « scientisme », dont les membres prétendent résoudre les problèmes philosophiques par la science, tandis que les *scientifiques* sont des savants spécialistes d'une science.]

scoop 1. n. m. La nouvelle qu'a obtenue le journaliste a été un scoop intéressant. ☞ a été *une primeur*... **2.** [pour la neige] n. f. J'ai besoin d'une scoop pour pelleter la neige. ☞ une *pelle*...

scooter [skutər] n.m. Il a perdu son permis de conduire alors il s'est acheté un scooter. ☞ un *scouteur* [skutœr].

scorekeeper n. m. Le scorekeeper s'est trompé dans le pointage. ☞ Le *marqueur*...

scorer [skɔre] v. tr. ou intr. Scorer un but au hockey. ☞ *Marquer, Compter*...

scotch tape n. m. ☞ *Ruban adhésif, Adhésif.*

scouring pad n. m. J'ai besoin d'un scouring pad pour nettoyer la marmite. ☞ J'ai besoin d'un *tampon à récurer*...

scrap n. m. **1.** C'est le scrap du sous-sol que nous avons donné aux pauvres. ☞ *rebut...* **2.** Ma voiture n'est plus que du scrap. ☞ *de la ferraille.*

scrap paper n. m. ☞ *Papier brouillon.*

scrapbook n. m. ☞ *Album* [de coupures de journaux, etc.]

scraper [s k r e p e] v. tr. **1.** Scraper la peinture sur le bureau. ☞ *Gratter, Décaper...* **2.** Se scraper le genou. ☞ *S'érafler...*

scraper [s k r e p ə r] n. m. ☞ *Racloir, Grattoir, Gratte* f.

scratch n. m. **1.** Un scratch sur le visage. ☞ *Une égratignure, Une éraflure...* **2.** Un scratch sur le disque. ☞ *Une rayure...*

scratcher v. tr. Il faut scratcher la carte pour voir si on a gagné. ☞ *gratter...*

screen n. m. **1.** Placer un screen aux fenêtres. ☞ *une moustiquaire...* **2.** Ce cinéma possède un énorme screen. ☞ un énorme *écran.*

screw 1. n. m. ☞ *Vis* n. f. **2.** v. tr. ☞ *Visser, Baiser.* [vulg.]

screwdriver n. m. Parmi les outils tu vas trouver le screwdriver. ☞ le *tournevis.*

scrubber [s k r ɔ b e] v. tr. ou intr. **1.** Devoir scrubber le plancher tous les samedis. ☞ *brosser, nettoyer...* **2.** Avant de pouvoir semer, devoir scrubber la terre. ☞ *défricher, débroussailler...*

scuba [acronyme] n. m. Je me suis acheté un scuba. ☞ un *scaphandre autonome.*

scuba diving n. m. Aimer faire du scuba diving dans l'eau profonde. ☞ *de la plongée sous-marine...*

seafood n. m. Se faire servir du seafood. ☞ *des fruits de mer.*

seagull n. Les seagulls sont une espèce en voie d'extinction. ☞ Les *mouettes* f., *Les goélands...* m.

seal [sil] n. m. Les seals sont très nombreux sur cette banquise. ☞ Les *phoques...*

sealer [silər] n. m. Conserver des fruits dans des sealers. ☞ *bocaux.*

sealer [sile] v. tr. Sealer une enveloppe. ☞ *Fermer, Cacheter, Sceller...*

seconde main n. f. C'est une voiture de seconde main. ☞ une voiture *d'occasion*, une voiture *usagée.*

seconder v. tr. Seconder une proposition. ☞ *Appuyer...* [le fr. st. accepte : *seconder* quelqu'un en l'aidant.]

section © n. f. Une section de terre. ☞ *morceau de terre d'un mille carré.*

sécure adj. Un endroit où les aînés sont sécures. ☞ *tranquilles, sans inquiétude, en sécurité.*

sédule n. f. Devoir vérifier sa sédule. ☞ *son horaire, programme* m., *calendrier* m. [voir aussi **schedule**]

seizure n. m. Cette personne a eu un seizure et elle est morte. ☞ *une crise, une attaque...*

semi-annuel[le] adj. Une vente semi-annuelle. ☞ Une vente *semestrielle.*

semi-finales n. f. Jouer dans les semi-finales au hockey. ☞ *demi-finales...*

séminar n. m. ☞ *Séminaire.*

sénior n. m. C'est Raymond sénior qui est médecin. ☞ *père, aîné...*

séniorité n. f. Sa séniorité lui a valu le poste. ☞ *Son ancienneté...*

sens [faire du] loc. Ça fait du sens. ☞ *Ça a du sens.*

sensitif[ive] adj. Elle est très sensitive. ☞ *sensible, On peut la blesser facilement.*

sensitivité n. f. La sensitivité d'un artiste. ☞ *sensibilité...*

sentence n. f. Il ne sait pas composer une sentence. ☞ *une phrase.*

séparateur n. m. Se servir d'un séparateur pour dépouiller le lait de la crème. ☞ *d'une écrémeuse...*

set [s ɛ t] n. m. **1.** Acheter un set de vaisselle. ☞ *service...* **2.** Donner un set d'ustensiles de cuisine. ☞ *une batterie* de cuisine. **3.** S'acheter un set pour la salle à manger. ☞ un *mobilier,* un *ensemble...* **4.** Un set de clefs. ☞ Un *trousseau...*

setback n. m. L'incendie de son magasin est un setback pour lui. ☞ un *contretemps,* un *revers...*

settler [s ɛ t l e] v. tr. **1.** Settler l'horloge. ☞ *Régler...* **2.** Settler ses comptes. ☞ *Régler...*

set-up n. m. Le résultat de la partie était un set-up. ☞ Le résultat de la partie était *arrangé d'avance.*

sévèrement adv. Il a été sévèrement blessé. ☞ *grièvement* blessé.

shack n. m. Vivre dans un shack. ☞ *une cabane.*

shacker [ʃ a k e] v. int. Je shack avec un ami. ☞ *J'habite* avec un ami.

shaft n. m. Le shaft d'hélice du navire est brisé. ☞ *L'arbre* d'hélice...

shaké [ʃ e k e] adj. Après l'accident, elle était toute shakée. ☞ toute *tremblante, ébranlée, secouée.*

shampoo n. m. Se faire un shampoo. ☞ *shampoing.*

shape [ʃep] n. f. **1.** Être en bonne shape. ☞ *forme.* **2.** Avoir une belle shape. ☞ *silhouette, taille.*

share [ʃɛr] n. f. Il a 500 shares dans la compagnie. ☞ *actions...*

shareholder n. Il est un shareholder dans cette entreprise. ☞ un *actionnaire...*

shark n. m. Il y a des sharks dans cette baie. ☞ des *requins...*

sharp adj. **1.** C'est un garçon qui est pas mal sharp. ☞ *intelligent.* **2.** Il est sharp sur les patins. ☞ *vif...*

shaving cream n. m. ☞ *Crème à raser* f.

shaving n. m. Avoir besoin de shavings pour allumer le feu. ☞ de *copeaux...*

shebang n. f. Toute la shebang est arrivée. ☞ *Tout le groupe,* Toute la *bande...*

shed n. f. **1.** Se bâtir une shed pour les machines. ☞ *un hangar,* une *remise...* **2. petite shed** n. f. ☞ *cabanon* m.

sheer n. m. Des rideaux en sheer. ☞ Des rideaux en *étoffe très fine.*

shellac n. m. La table a besoin d'une couche de shellac. ☞ couche de *vernis* m., de *laque* f.

shellfish n. m. Une assiette de shellfish. ☞ *crustacés.*

shelter n. m. Le gymnase a servi de shelter durant l'inondation. ☞ *refuge...*

shepherd's pie n. f. ou m. ☞ *Hachis parmentier* m.

sherbet n. m. Servir un sherbet pour dessert. ☞ un *sorbet...*

shift n. m. **1.** Avoir un shift de dix heures dans une usine. ☞ un *poste, une période...* **2.** Travailler un shift de huit heures. ☞ *Faire un poste* de huit heures. **3.** Cette usine fonctionne sur trois shifts par vingt-quatre heures. ☞ Cette usine *compte trois équipes qui se relaient sur vingt-quatre heures, Dans cette usine on fait les trois-huit.* **4.** Je suis sur le shift de nuit. ☞ *Je travaille dans l'équipe de nuit, Je travaille au poste* de nuit.

shifter [ʃifte] v. tr. **1.** Shifter de gear. ☞ *Changer de vitesse.* **2.** Shifter en deuxième gear. ☞ *Passer* en deuxième.

shiner [ʃajne] v. tr. Shiner ses souliers. ☞ *Polir, Cirer...*

shingles n. m. **1.** Avoir les shingles. ☞ *le zona.* **2.** Poser des shingles sur le toit. ☞ *bardeaux...*

shippement n. m. Un shippement de blé. ☞ un *fret* de blé, une *livraison...*

shipper [ʃipe] v. tr. **1.** Shipper un paquet. ☞ *Expédier, Envoyer...* **2.** Je l'ai shippé chez lui car il ne travaillait pas. ☞ *renvoyé...*

shipping et handling loc. Le shipping et handling coûteront quelques dollars. ☞ Les *frais d'envoi et de manutention...*

shipwreck n. m. Durant la tempête les marins ont été victimes d'un shipwreck. ☞ un *naufrage.*

shipyard n. m. Travailler au shipyard du chemin de fer. ☞ au *chantier...*

shock n. m. Les shocks d'une voiture. ☞ *amortisseurs...*

shockproof adj. Porter une montre shockproof. ☞ *antichoc.*

shoe horn n. m. Il se sert d'un shoe horn pour mettre ses souliers. ☞ un *chausse-pied...*

shooter [ʃutər] n. m. Pour célébrer, nous avons pris un shooter. ☞ nous avons *fait cul-sec.*

shooter [ʃute] v. tr. Il a shooté la rondelle dans le filet. ☞ *lancé...*

shop n. f. **1.** Travailler dans une shop de couture. ☞ *un atelier*, une *usine...* **2.** Une shop de souvenirs. ☞ Une *boutique...*

shoplifting n. m. Il est accusé d'avoir fait du shoplifting. ☞ du *vol à l'étalage.*

shopper [ʃɔpe] v. intr. Aller shopper. ☞ *Magasiner* ©, aller *faire des courses.*

shopper [ʃɔpər]. ☞ *Magasineur* ©.

shopping n. m. Faire du shopping. ☞ *magasinage* ©, Faire *des emplettes* f.

shopping bag n. m. ☞ *Sac à provisions.*

shopping cart n. m. Pour faire ses emplettes, se servir d'un shopping cart. ☞ d'un *chariot*, d'un *panier d'épicerie.*

shopping center n. m. ☞ *Centre commercial.*

short 1. n. m. Cet homme porte toujours un short. ☞ une *culotte courte.* **2.** Il doit y avoir un short quelque part, la lumière ne fonctionne plus. ☞ un *court-circuit...*

short cut n. m. Prendre un short cut pour se rendre quelque part. ☞ *raccourci...*

short ribs n. m. ☞ *Courtes côtes.*

shortage n. m. Nous éprouvons un shortage d'essence. ☞ *une pénurie...*

shortbread adj. ou n. m. Nous faisons des biscuits shortbread pour Noël. ☞ des biscuits *sablés...*

shortening n. m. Avoir besoin de shortening pour faire un gâteau. ☞ *de matières grasses végétales...*

shortsighted adj. Il ne peut pas voir ce qui est écrit; il est shortsighted. ☞ *myope.*

shortstop n. m Au jeu de baseball, jouer shortstop. ☞ *bloqueur.*

shot [sport] n. m. Un beau shot. ☞ Un beau *lancer.*

shotgun n. m Le shotgun peut être dangereux. ☞ Le *fusil de chasse...*

shoulder n. m. ou f. Le shoulder de la route est étroit. ☞ *accotement* m.

shoulder pads n. m. Des shoulder pads pour jouer au hockey. ☞ des *épaulettes...* f.

shoulder bag n. m. N'avoir comme seul bagage qu'un shoulder bag. ☞ *sac à dos.*

show n. m. **1.** Aller au show. ☞ *cinéma.* **2.** Être allé voir un show. ☞ *film.* **3.** Ils se sont battus; c'était un vrai show. ☞ *spectacle.*

show business n. m. ☞ *Industrie du spectacle, Monde du spectacle.*

showdown n. m. Il va y avoir un showdown entre les deux joueurs. ☞ *une épreuve de force...*

shower n. m. **1.** S'attendre à avoir des showers au cours de la journée. ☞ des *averses...* f. **2.** Prendre son shower le matin. ☞ *sa douche...* **3.** Avant son mariage, organiser un shower pour donner des cadeaux à la future mariée. ☞ *une réception-cadeaux...*

show-off n. m. Il aime bien faire du show-off. ☞ faire *l'intéressant, poser* [pour la galerie]; Il est *prétentieux.*

showroom n. m. Il y a un showroom des plans du pont Provencher. ☞ Il y a *une salle d'exposition...*

shredded wheat n. m. ☞ *Blé filamenté.*

shredder n. m. Passer toute la documentation au shredder. ☞ à la *déchiqueteuse.*

shrimp n. m. ou f. ☞ *Crevette. f.*

shrine n. f. J'ai visité la shrine de Mexico. ☞ *le sanctuaire...*

shrinker v. intr. Le chandail a shrinké après avoir passé dans la laveuse. ☞ *rétréci...*

shuffleboard n. m. Les résidants aiment bien se distraire en jouant au suffleboard. ☞ au *jeu de palets [américain].*

shuttle n. m. **1.** Prendre le shuttle entre deux aéroports. ☞ *la navette...* **2.** Le space shuttle a explosé. ☞ *La navette spatiale...*

siding n. m. **1.** [chemin de fer] On voulait construire un siding pour les élévateurs à grain. ☞ *une voie d'évitement...* **2.** Pour couvrir les murs, nous avons posé un nouveau siding. ☞ un nouveau *revêtement.* **3.** Pour notre nouvelle maison, nous avons fait poser du siding en vinyle. ☞ *recouvrement...*

sifter v. tr. Devoir sifter la farine. ☞ *tamiser...*

signe n. m. Il y a un signe sur le mur indiquant l'endroit où se trouve la salle de bains. ☞ un *panonceau...*

sincèrement vôtre loc. [formule de politesse en terminant une lettre] ☞ *Je vous prie d'agréer, Monsieur [Madame, etc.], l'expression de mes sentiments les meilleurs, de mes sentiments distingués.*

single-breast adj. Je vais acheter un veston singlebreast. ☞ un veston *simple.*

sink n. m. Laver la vaisselle dans le sink. ☞ dans *l'évier.*

sirloin n. m. ☞ *Surlonge* f.

size n. m. **1.** Quel est le size de la table? ☞ *Quelles sont les dimensions...* f. **2.** Si tu veux que je t'achète un pantalon, je dois connaître ton size. ☞ *ta taille.* **3.** Quel est le size de ta chemise? ☞ *l'encolure...* f. **4.** Quel est le size de tes souliers? ☞ *la pointure...* **5.** Quel sera le size du livre? ☞ le *format...* **6.** Ce sera un pocket size. ☞ *format de poche.* **7.** Il a pris le size de ma tête, de ma poitrine, de mes hanches. ☞ *mon tour de tête, de poitrine, de hanches.*

skating rink n. m. On a bien du plaisir à patiner au skating rink. ☞ *à la patinoire.*

sketch n. m. **1.** Voici un sketch de la maison. ☞ *un croquis, une esquisse...* **2.** Nous avons présenté un sketch à la soirée. ☞ *saynète* f., *courte pièce comique* f., *petite comédie...* f.

skidoo n. m. Le plaisir de faire du skidoo. ☞ *de la motoneige,* du *motoski.*

skills n. m Avoir tous les skills nécessaires pour faire tel travail. ☞ *toutes les habiletés,* tous les *talents, toute l'adresse...*

skipper [curling] [s k i p ə r] n. m. ☞ *Capitaine.*

skipper [s k i p e] v. tr. Skipper une classe de chimie. ☞ *Sauter...*

skit n. m. ☞ *Saynète.*

skunker [s k ɔ ɲ k e] v. tr. Je l'ai skunké aux cartes. ☞ Je l'ai *battu à plate couture.*

skyjack v. tr. Les terroristes ont skyjacké un avion. ☞ ont *détourné...*

skylight n. m. Dans leur appartement, ils se sont payé un skylight. ☞ *une lucarne.*

slack adj. **1.** Les affaires sont slack. ☞ *au ralenti, en baisse.* **2.** Un écrou qui est slack. ☞ qui est *desserré,* qui *a du jeu.* **3.** La corde est slack. ☞ *lâche.*

slacks n. f. ou m. Toujours porter des slacks. ☞ *un pantalon.*

slang n. m. Je ne comprends pas son slang. ☞ son *argot.*

slaquer v. tr. et intr. **1.** Slaquer la corde. ☞ *Détendre...* **2.** Les affaires ont bien slaqué après Noël. ☞ *ralenti...*

slave driver n. m. Ne pas aimer travailler pour un slave driver. ☞ pour un *marchand d'esclave,* une *personne abusive,* un *négrier* [péj.].

sleeping bag n. m. ☞ *Sac de couchage.*

sleeping car n. m. ☞ *Voiture-lit* f.

sleet n. m. ☞ *Grésil.*

sleigh n. m. ☞ *Traîneau.*

slider v. intr. La voiture a slidé dans le fossé. ☞ *glissé...*

slide n. f. **1.** J'ai conservé les slides que j'avais achetées lors de mon voyage. ☞ les *diapositives...* **2.** On a construit une slide au parc Whittier. ☞ une *glissade...*

slim adj. Un homme slim. ☞ *svelte.*

sling n. f. **1.** Se servir d'une sling pour lancer des pierres. ☞ une *fronde, un lance-pierre...* **2.** Avoir le bras dans un sling. ☞ le bras *en écharpe.*

slip n. m. Le premier ministre s'est prononcé contre les Zionistes. C'est un slip qui lui coûtera cher. ☞ *une bévue...*

slipper [s l i p ə r] n. m. Porter des slippers. ☞ *pantoufles* n. f.

slogan n. m. ☞ *Formule publicitaire* f., *Phrase à effet* f., *Devise* f.

sloppy adj. Son travail est sloppy. ☞ Son travail est *négligé, peu soigné.*

slot machine n. f. ☞ *Machine à sous* f., *Gobe-sous* m.

slow adj. C'est un homme bien slow au travail. ☞ *lent...*

slow motion n. J'aimerais voir cet extrait du film en slow motion. ☞ *au ralenti* m.

slum n. m. Détruire les slums d'une ville. ☞ *taudis, bidonvilles...*

slush n. f. Un trottoir couvert de slush. ☞ *gadoue, neige fondante*[si elle est propre], *névasse* [si la neige est souillée par les saletés, le sel].

smallpox n. m. Attraper le smallpox. ☞ la *variole*, la *petite vérole*.

smart adj. Un garçon qui est smart. ☞ *intelligent.*

smasher [sma∫e] v. tr. Smasher une vitre. ☞ *Fracasser, Casser...*

smat adj. Une personne bien smat. ☞ *fine, gentille, intelligente.*

smock n. m. ☞ *Blouse de travail* [de laboratoire] f.

smuggler [smɔɡlər] n. m. ☞ *Contrebandier.*

smuggling n. m. Faire du smuggling. ☞ de la *contrebande.*

snack n. m. S'arrêter pour un snack. ☞ un *casse-croûte*, une *bouchée*, une *collation.*

snack-bar n. m. ☞ *Casse-croûte* m., *Café-restaurant* m.

snail n. f. ou m. ☞ *Escargot* m.

sneak preview n. m. On nous a présenté un sneak preview du film. ☞ une *avant-première...*

sneaker [snike] v. intr. Sneaker partout dans la maison. ☞ *Fouiner, farfouiller, Fureter...* [can. fam. *sentir*].

sniqueux[se] adj. Attention à lui. C'est un sniqueux. Il veut tout savoir. ☞ un *écornifleur.*

snow blower n. m. ☞ *Souffleuse* f. ©, *Chasse-neige* m.

snow plough n. m. ou f. Les employés de la ville ont passé la snow plough pour déblayer la neige. ☞ *le chasse-neige*...

snowboard n. m. Faire du snowboard. ☞ Faire de la *planche à neige*.

snow peas n. m. ☞ *Pois mange-tout*.

snuff n. m. ☞ *Tabac à priser*.

soaker v. tr. **1.** Se faire soaker par un marchand. ☞ *tricher*... **2.** Soaker du linge. ☞ *Faire tremper*...

soap opera n. m. ☞ *Feuilleton télévisé populaire, Téléroman*.

sobre adj. L'agent de police a affirmé que le meurtrier était sobre. ☞ que le meurtrier *n'était pas ivre*, que le meurtrier était *dessoûlé*. [le fr. st. accepte : Ses vêtements sont toujours de coupe *sobre*; C'est un homme *sobre* : qui mange, boit avec modération.].

socket n. m. Visser l'ampoule électrique dans le socket. ☞ dans *la douille*.

soda n. m. Pas trop de soda dans le gâteau. ☞ *soude* [*bicarbonate de soude*]...

soft ice cream n. Je vais prendre un cornet de soft ice cream. ☞ une *glace molle*, de la *crème glacée molle*.

softener n. m. **1.** Il faut ajouter un softener dans l'eau potable. ☞ un *adoucisseur*... **2.** Dans la lessive ma mère ajoute un softener. ☞ un *produit assouplissant*.

software [informatique] n. m. Le software offre les programmes et les procédures nécessaires au fonctionnement d'un système informatique. ☞ Le *logiciel*...

soin [**prendre**] loc. Au revoir. Prends soin. ☞ Prends [bien] soin *de toi.*

souateur n. m. Voir **sweater**

soubassement n. m. ☞ *Sous-sol.* [en fr. st. : Partie inférieure sur laquelle repose un édifice.]

sound effects n. m. Les sound effects du film étaient excellents. ☞ *Le bruitage* du film *était excellent.*

spare n. m. **1.** Avoir une crevaison et ne pas avoir de spare. ☞ *pneu de rechange.* **2.** Dans l'enseignement, ça fait du bien d'avoir un spare ici et là. ☞ *du temps libre...* **3.** Avez-vous des tasses de spare? ☞ des tasses *dont vous vous ne servez pas?*, des tasses *supplémentaires?*

spare ribs n. f. Dans ce restaurant, on sert les meilleures spareribs. ☞ *côtes levées, petites côtes de porc.*

spark n. J'ai été frappé à la tête; j'en ai vu des sparks. ☞ des *étincelles* f.

spark plugs n. f. ou m. Les spark plugs mettent le feu au moteur à explosion. ☞ Les *bougies...* f.

speaker n. m. **1.** Le speaker de la chambre. ☞ Le *président...* **2.** L'appareil est accompagné de deux speakers. ☞ *haut-parleurs.*

special delivery n. m. J'ai reçu ce paquet par special delivery. ☞ *en exprès.*

spécial du jour n. m. À ce restaurant il y a toujours un spécial du jour. ☞ un *plat* du jour.

speech n. m. **1.** Faire un speech. ☞ *discours.* **2.** Mal se conduire et recevoir un speech. ☞ *une semonce.*

speed n. m. Aimer faire du speed. ☞ *de la vitesse.*

speed bump n. m. Attention aux speed bumps dans le stationnement. ☞ *ralentisseurs...*

speeder v. intr. Il aime bien speeder. ☞ Il aime bien *faire de la vitesse, excéder la limitation de vitesse.*

speeding n. m. Il a dû payer une amende parce qu'il faisait du speeding. ☞ Il a dû payer une amende parce qu'il faisait *de la vitesse, pour excès de vitesse.*

spike n. m. ou f. On a arraché les spikes des rails. ☞ les *pointes* [de fer]...

spinach n. m. ☞ *Épinard.*

spinner v. intr. Une voiture qui spinne dans la neige. ☞ *patine, glisse...*

splash n. m. Faire un splash en plongeant. ☞ un *éclaboussement...*

splasher [splaʃe] v. tr. Une voiture qui nous splash en nous dépassant. ☞ *éclabousse...*

spleen n. m. Est-ce le spleen qui sécrète la bile? ☞ la *rate...* [le fr. st. accepte : *spleen* = une mélancolie sans raison apparente.]

split-level n. m. S'acheter une maison split-level. ☞ maison *à demi-niveau,* une maison *à paliers.*

spliter v. tr. Spliter les dépenses. ☞ *Partager* les dépenses.

spoke n. m. Les spokes de ma bicyclette sont brisés. ☞ Les *rayons...*

spokesman n. m. Il a été choisi pour être le spokesman du groupe. ☞ le *porte-parole...*

sponge n. m. Se servir d'un sponge pour laver le plancher. ☞ *une éponge...*

sponsor 1. n. m. Avoir un sponsor pour présenter les joutes de hockey. ☞ *commanditaire, parrain* [*marraine*], *parraineur* [*euse*], *promoteur* [*trice*]... 2. Nous avons besoin de sponsors pour renover l'école. ☞ besoin *de l'aide des* *bailleurs de fond...* **3.** v. tr. L'entreprise sponsor notre équipe. ☞ *parraine, commandite...*

sponsorship n. m. Le scandale de sponsorship au gouvernement fédéral. ☞ Le scandale *des commandites...*

spot Le spot éclaire l'acteur. ☞ Le [petit] *projecteur...*

spotter [spɔte] v. tr. Spotter un voleur dans une boutique. ☞ *Apercevoir, Repérer...*

spray n. m. **1.** Un spray de gouttelettes. ☞ Un *nuage...* **2.** Un spray pour les cheveux. ☞ Un *aérosol...* **3.** Un spray à parfum. ☞ Un *atomiseur...*

sprayer v. tr. **1.** Sprayer ses cheveux avec une bombe, un aérosol. ☞ *Vaporiser...* **2.** Sprayer du désherbant sur la pelouse. ☞ *Pulvériser les mauvaises herbes...*

spread n. m. Un spread au chocolat. ☞ *Une tartinade...*

spring n. m. Le spring d'une montre. ☞ *ressort...*

springboard n. m. Faire de la gymnastique sur un springboard. ☞ sur un *tremplin.*

sprinkler n. m. **1.** Un sprinkler pour le gazon. ☞ Un *arroseur...* **2.** Nous avons installé des sprinklers contre les incendies. ☞ des *gicleurs, des extincteurs automatiques d'incendie.*

square dance n. m. ☞ *Quadrille.*

square n. m. ☞ *Place, Jardin, Parc, Carré.*

squash n. m. ou f. ☞ *Courge* f.

squatter **1.** [skwate] v. int. Une bande de jeunes squattent dans cette maison. ☞ *occupent illégalement* cette maison. **2.** [skwatər] n. m. Cette personne occupe illégalement cette maison, c'est un squatter. ☞ un *squatteur* [skwatœr].

squid n. m. Servir des squids comme hors-d'œuvre. ☞ des *calmars*...

squintlène n. f. Les squintlènes de la maison sont déjà toutes montées. ☞ Les *solives*...

stabber [s t a b e] v. tr. Le malade mental a stabbé sa mère en pleine poitrine. ☞ a *poignardé*...

staff n. m. Avoir une réunion du staff. ☞ du *personnel*.

stage [s t e d ʒ] n. m. Les acteurs sont sur le stage. ☞ *la scène*.

stain n. m. **1.** Du stain pour bois. ☞ *De la teinture* pour bois. **2.** J'ai un stain sur la nappe. ☞ *une tache*...

stained glass n. m. Il est intéressé dans le stained glass. ☞ *vitrail*.

stainless steel n. m. ☞ *Acier inoxydable*.

stall n. m. ou f. Stall à journaux. ☞ *Kiosque*... m. [le fr. st. accepte : *stalles* [compartiments] pour les animaux dans l'étable; *stalles* [sièges] dans le chœur de l'église.]

stâller v. intr. Voiture stâllée dans la neige. ☞ *calée*...

stampede n. m. Chaque année on se rend au stampede de Calgary. ☞ au *rodéo*...

stand n. m. Stand à journaux. ☞ *Kiosque*...

stand-by n. m. **1.** Avoir un billet en stand-by. ☞ en *attente* f. **2.** Nous avons un médecin en stand-by. ☞ médecin *de garde*.

standing ovation n. f. L'artiste a reçu quatre standing ovations. ☞ quatre *ovations*.

staple n. m. Avoir besoin de staples pour tenir les pages ensemble. ☞ d'*agrafes*... f.

stapler [s t e p l ə r] n. m. ou f. ☞ *Agrafeuse* f.

star n. f. Une star de cinéma. ☞ Une *vedette*, Une *étoile du* cinéma.

starch n. m. **1.** Mettre du starch pour raidir les revers d'une chemise. ☞ *de l'empois...* **2.** J'utilise du starch pour épaissir ma soupe. ☞ *de l'amidon...*

starter n. m. Le starter de la voiture ne fonctionne pas. ☞ Le *démarreur...*

station n. f. **1.** Je te rencontrerai à la station du chemin de fer. ☞ à la *gare ferroviaire.* **2.** Station de police. ☞ *Poste de police* m. **3.** Station de gaz. ☞ *Station-service* f., *Poste d'essence* m.

station-wagon n. m. ou f. ☞ *Voiture familiale.*

steady **1.** adj. C'est un client steady. ☞ *régulier.* **2.** adv. Ils sortent ensemble steady. ☞ *régulièrement.*

steak n. m. Nous avons mangé un bon steak. ☞ *bifteck.*

steam bath n. m. J'avais une congestion nasale alors j'ai pris un steam bath. ☞ un *bain à la vapeur.*

steamer [s t i m e] v. tr. Devoir steamer les légumes. ☞ Devoir *cuire* les légumes *à la vapeur.*

steel wool n. m. Nettoyer une marmite avec du steel wool. ☞ avec *de la paille d'acier.*

steer n. m. ☞ *Bouvillon, Bœuf de boucherie.*

steering lock n. m. Installer un steering lock au volant de la voiture. ☞ *antivol...*

steering wheel n. m. Le steering wheel de la voiture est brisé. ☞ *volant...*

stem n. m. Des stems de champignons. ☞ *pieds...*

stew n. m. Un stew de bœuf. ☞ Un *ragoût...*

steward n. m. [accepté en fr. st. mais on doit lui préférer ☞ *Agent de bord.*]

sticker n. m. **1.** Apposer un sticker sur sa plaque d'immatriculation. ☞ *une vignette...* **2.** Apposer un sticker antinucléaire sur sa voiture. ☞ un *autocollant...*

stiff adj. Se sentir stiff. ☞ *raide.*

stilt n. Pour nous amuser, nous construisions des stilts. ☞ des *échasses* f.

stime [stĭm] n. f. Un engin à stime. ☞ à *vapeur.*

stir-fry n. m. Préparer un stir-fry pour le repas. ☞ Préparer *des légumes et viande sautés...*

stock n. m. **1.** Avoir un stock d'huile. ☞ une *réserve*, une *provision...* **2.** Un magasin qui a un bon stock. ☞ qui *est bien approvisionné.* [le fr. st. accepte le mot *stock* dans le sens de « quantité de marchandises », mais il le refuse dans le sens de « drogue » et « actions »] **3.** Il possède des stocks dans la compagnie. ☞ *des actions, des valeurs...*

stockbroker n. m. Il travaille comme stockbroker. ☞ comme *agent de change.*

stook n. m. Un stook de blé. ☞ *Une botte, Une gerbe, Une moyette...*

stooker v. tr. ou intr. Stooker le blé. ☞ *Mettre* le blé *en bottes.*

stool n. m. **1.** Se servir du stool pour grimper. ☞ *tabouret...* **2.** Le médecin veut examiner mes stools. ☞ *selles* f.

stopwatch [sport] n. m. Vitesse mesurée au stopwatch. ☞ *chronomètre.*

storage n. m. Le storage des meubles. ☞ *L'entreposage...*

storer [stɔre] v. tr. Un endroit où storer des meubles. ☞ *entreposer...*

stouquer v. tr. ou intr. Stouquer dans le champ. ☞ *Moyetter...*

straight flush [jeu de cartes] n. f. Il a eu une straight flush. ☞ une *quinte-couleur*, une *suite de 5 cartes de la même couleur.*

straitjacket n. m. Le prisonnier était trop agité. On lui amis un straitjacket. ☞ une *camisole de force.*

strandé [strande] p. p. À cause de la tempête, nous étions strandés en ville. ☞ nous *nous sommes retrouvés coincés, en plan...*

strap n. f. **1.** Une strap à rasoir. ☞ *Un cuir...* **2.** Donner la strap à un élève. ☞ *Administrer une correction avec une lanière de cuir* ou *une courroie...* **3.** Une strap autour d'un livre. ☞ *Un bandeau...* **4.** La strap d'une montre. ☞ *Le bracelet...* **5.** Briser la strap de sa caméra. ☞ *bandoulière...* **6.** La strap de l'attelage. ☞ *courroie...*

strawberry shortcake n. m. ☞ Une *tarte sablée aux fraises.*

streak n. f. La roche était marquée de streaks. ☞ de *stries*, de *rayures.*

streamline p. p. Avez-vous remarqué que les nouvelles voitures sont toutes streamlinées? ☞ que les nouvelles voitures *ont* toutes *un profil aérodynamique?*

streetcar n. m. Les streetcars ont été remplacés par les autobus. ☞ Les *tramways...*

stress n. m. Son travail lui cause beaucoup de stress. ☞ beaucoup de *tension nerveuse.*

stressé adj. Il est stressé. ☞ Il est *tendu.*

stretchy adj. Un pantalon stretchy. ☞ *élastique.*

strict adj. Un professeur très strict. ☞ très *sévère.*

strike n. f. **1.** [sport] La deuxième strike. ☞ *prise.* **2.** [travail] Les ouvriers sont en strike. ☞ Les ouvriers sont en *grève.* **3.** Rotating strike [travail]. ☞ *Grève tournante.*

strip n. f. Une strip de métal, de terrain. ☞ Une *bande...*

striper v. tr. Il faut striper le câble avant de l'introduire dans la fiche. ☞ *dénuder...*

stroke n. m. **1.** Ramer à 38 strokes à la minute. ☞ à 38 *coups d'aviron minute.* **2.** Avoir un stroke. ☞ *une crise d'apoplexie,* un *accident cérébro-vasculaire, une hémorragie cérébrale.*

stroller [strolər] n. m. **1.** Elle est faible des jambes alors elle se sert d'un stroller. ☞ d'*une marchette* [can.], d'un *ambulateur,* d'un *cadre de marche.* **2.** La maman promène son bébé en stroller. ☞ en *poussette.*

stucco n. m. Recouvrir un mur de stucco. ☞ de *stuc.*

stucker [stɔke] v. intr. Être stucké dans la neige. ☞ Être *pris, Rester engagé...*

stuff n. m. **1.** S'acheter du bon stuff pour une robe. ☞ *de la bonne étoffe...* **2.** Une personne qui est du bon stuff. ☞ Une *bonne* personne. **3.** Dans la maison, il y a du stuff qui t'appartient. ☞ il y a *des choses* qui t'*appartiennent.*

sty n. m. ☞ *Orgelet.*

styrofoam n. m. Une tasse en styrofoam. ☞ en *polystyrène,* en *styromousse.*

subpoena 1. n. m. Recevoir un subpoena. ☞ *une citation à comparaître, une assignation* [*pour* *témoigner*]. **2.** v. tr. Subpoena quelqu'un. ☞ *Citer, Assigner* quelqu'un [*à comparaître.*]

substitut n. m. **1.** Faire du substitut dans une classe. ☞ *de la suppléance...* **2.** Il faut se méfier des substituts. ☞ des *succédanés*.

suburb n. m. Les centres commerciaux sont installés dans les suburbs. ☞ dans les *banlieues* f.

subway n. m. ☞ *Métro, Passage souterrain.*

sucker n. m. **1.** Pauvre homme! C'est un sucker. ☞ *Il est naïf,* C'est un *imbécile, une poire* [fam.]. **2.** Pour avoir de belles tomates, il faut enlever les suckers qui poussent le long des tiges. ☞ enlever les *boutures* f., *drageons, rejets...*

sucre brun n. m. ☞ *Cassonade* f.

suicide bomber n. m. Un suicide bomber a fait sauter l'autobus. ☞ Un *kamikaze...*

suit n. m. **1.** ☞ *Costume, Complet* [vêtement d'homme composé d'un veston ou d'une veste, d'un pantalon et parfois d'un gilet.]. **2.** [jeu de cartes] Je joue très fort dans ce suit-là. ☞ dans *cette couleur-là.*

suitcase n. m. ☞ *Valise* f.

suite n. f. Mes amis ont loué une suite dans cette maison. ☞ *un appartement...* [le fr. st. accepte : Le couple occupe la *suite* royale à l'hôtel Fort Garry].

sundae n. m. Il fait bon de déguster un sundae lorsqu'il fait chaud. ☞ *une coupe glacée chantilly...*

sundeck n. m. Nous avons fait construire un sundeck au sud de la maison. ☞ un *solarium, une terrasse...*

sun dogs n. m. ☞ *Faux soleils, Parhélies.*

sunscreen n. m. ☞ *Écran solaire.*

sunvisor n. m. ☞ *Pare-soleil* m., *Visière* f.

supervisor n. m. Le supervisor de l'établissement.
☞ Le *superviseur...*

supplies n. Acheter les supplies pour le bureau.
☞ les *fournitures de bureau,* les *approvision-
nements...*

supposé[e] p. p. Être supposé de faire tel travail.
☞ Être *censé* faire tel travail.

sur prép. 1. Un beau programme sur la télé. ☞ *à* la
télé. 2. Il est sur le téléphone. ☞ *au* téléphone.
3. Sur semaine, je travaille au magasin. ☞ *En*
semaine... 4. Il y a un homme sur la rue.
☞ *dans* la rue. 5. Il est monté sur l'avion
[plutôt dangereux]. ☞ *dans* l'avion. 6. Il est
sur le comité. ☞ Il *fait partie du* comité; Il est
membre du comité. 7. Il travaille sur la ferme.
☞ Il travaille *dans* la ferme.

sûr [faire] loc. Il faut faire sûr que tout soit prêt.
☞ Il faut *s'assurer...*

surfboard n. m. ou f. ☞ *Planche de surf* f.

surfing n. m. Il aime faire du surfing à Hawaï.
☞ *du surf...*

surgery n. f. Le médecin croit que mon frère doit
avoir une surgery. ☞ une *chirurgie.*

surintendant[e][ou superintendant][e] n. Le
surintendant d'une division scolaire.
☞ Le *directeur général...*

survey n. m. Le survey de la propriété.
☞ *L'arpentage...*

swamp n. f. Il y a des années, toute cette terre que
tu vois n'était qu'une swamp. ☞ *un marécage,
un marais.*

swath n. m. Couper le blé en swaths avant de le moissonner. ☞ *andains...*

swather [s w a t e] v. tr. ou intr. Le grain est mûr. Il va falloir swather. ☞ *andainer.*

sweatshirt n. m. Mettre son sweatshirt pour faire de l'exercice. ☞ son *survêtement (molletonné), son chandail...*

sweater n. m. ☞ *Tricot, Chandail.* [le fr. st. accepte : *pull-over, pull.*]

sweep n. m. On prédit un sweep pour les Néo. ☞ un *raz-de-marée...*

swell adj. Être swell. ☞ *bien mis[e], chic, gentil*

swing **1.** v. intr. C'est une musique qui swing. ☞ une musique *au rythme entraînant.* **2. swingner** v. intr. On a swingné à droite avec la voiture. ☞ *viré...* **3.** J'ai swingné sur le hamac. ☞ *Je me suis balancé dans* le hamac. **4.** v. tr. Il a swingné sa canne à pêche. ☞ *lancé...* **5.** n. m. Au temps des fêtes, on travaille full swing au magasin. ☞ *sans arrêt...* [le fr. st. accepte le mot *swing* lorsqu'utilisé pour décrire le mouvement technique propre au golf. Toutefois, l'utilisation du terme *élan* [*de golf*] est préférable.]

switch [s w i t ʃ] n. f. Pour obtenir de la lumière, appuyer sur la switch de droite. ☞ [*bouton*] *interrupteur...* m.

switcher [s w i t ʃ e] v. tr. ☞ *Changer.*

swivel [s w i v ə l] adj. Un fauteuil swivel. ☞ *pivotant.*

swordfish n. m. ☞ *Espadon.*

T

table-tournante n. f. ☞ *Tourne-disque* m.

tablette n. f. Une tablette d'aspirine. ☞ *Un comprimé...* [le fr. st. accepte : Une *tablette* où déposer les livres, Une *tablette* de chocolat.]

tack [ou **taque**] n. f. ou m. Se servir de tacks pour suspendre des guirlandes. ☞ *punaises* f., *broquettes...* f.

tacker [t a k e] v. tr. Il faut tacker le cadre au mur. ☞ *clouer, fixer...*

tag n. m. **1.** Laisser le tag sur sa robe. ☞ *l'étiquette...* **2.** [jeu] Les jeunes aiment jouer à la tag. ☞ Les jeunes aiment *jouer au chat.*

tail light n. f. La tail light de ma voiture est brisée. ☞ *Le feu arrière...*

tamer [t e m e] v. tr. Tamer un cheval. ☞ *Dompter...*

tan [t a n] n. m. Obtenir un tan au soleil. ☞ *bronzage...*

tank n. f. **1.** [armement de guerre] Les tanks avancèrent vers la ville. ☞ Les *chars d'assaut...* m. **2.** Vider la tank d'eau. ☞ *le réservoir...* **3.** Tank-truck. ☞ *Camion-citerne.* **4.** Tanker aircraft. ☞ *Avion-citerne.*

tap n. m. Fermer le tap d'eau chaude. ☞ *robinet, champlure* [can.]...

tape [t e p] n. m. **1.** Measuring tape ou tape-measure. ☞ *Ruban à mesurer, Mètre à ruban, galon* [de couturière, de tailleur.] **2.** Scotch tape. ☞ *Ruban adhésif transparent.* **3.** Masking tape. ☞ *Ruban-cache.* **4.** Recording tape. ☞ une *bande* ou un *ruban magnétique.* **5.** Un tape pour enregistrer. ☞ Une *cassette*...

tape deck n. m. Voir **tape recorder**

tape recorder n. m. ☞ *Lecteur de cassettes.*

taper [t e p e] v. tr. Taper une chanson. ☞ *Enregistrer* [sur bande magnétique]...

tapis mur à mur n. m. ☞ *Moquette* f. [qui couvre généralement toute la surface d'une pièce.]

tar n. m. La chaleur était telle que le tar se liquéfiait sur la route. ☞ le *goudron, l'asphalte*...

target n. m. S'exercer avec le cercle concentrique d'un target. ☞ d'*une cible.*

tarragon n. m. Mets un peu de tarragon dans ta sauce. ☞ d'*estragon*...

tattoo n. m. Ses bras sont couverts de tatoos. ☞ *tatouages.*

taxpayer n. m. Les taxpayers devraient avoir un mot à dire. ☞ Les *contribuables*...

t-bone n. m. Un t-bone steak. ☞ *Une grillade d'aloyau, Un bifteck d'aloyau.*

tea biscuit n. m. ☞ *Biscuit au babeurre* [lait de beurre].

Teamsters n. m. Les Teamsters sont en grève. ☞ *Le syndicat des camionneurs est*...

tear gas n. m. La police s'est servie de tear gas pour éloigner les manifestants. ☞ s'est servi de *gaz lacrymogène*...

teddy bear n. m. ☞ *Ourson* ou *ours en peluche.*

tee [ti] [sport] n. m. Placer une balle de golf sur un tee afin de la lancer. ☞ [petit] *socle, support...*

teenager n. m. ou f. ☞ *Adolescent[e], Ado* [fam.].

teepee n. m. Les Métis vivaient souvent dans des teepees lorsqu'ils allaient à la chasse. ☞ *tipis...*

téléphone n. m. Il faut que je fasse un téléphone à mon ami. ☞ Il faut que je *donne un coup de fil...,* Il faut que je fasse un *appel téléphonique...,* Il faut que je *téléphone* à mon ami.

téléphoner v. tr. ind. Pierre? Je l'ai téléphoné hier. ☞ Je *lui* ai téléphoné, Je *lui ai donné un coup de fil...* [le fr. st. accepte : *Téléphoner* une nouvelle à quelqu'un.]

télévision n. f. S'acheter une télévision. ☞ *un téléviseur.* [le fr. st. accepte : Regarder la *télévision.*]

température n. f. Avoir une mauvaise température. ☞ *un mauvais temps.* [le fr. st. accepte : Une *température* douce.]

temps [**avoir du bon**] loc. Nous avons eu du bon temps chez lui. ☞ Nous *nous sommes bien amusés...*

temps emprunté n. m. À l'âge de 90 ans, nous vivons sur du temps emprunté. ☞ nous vivons *en sursis.*

tenderloin n. m. Un rôti de tenderloin. ☞ *filet.*

tendresse n. f. La tendresse de la viande dans ce restaurant est remarquable. ☞ La *tendreté...* [le fr. st. accepte : La *tendresse* de ses paroles, de sa voix].

tenir la ligne [téléphone] loc. Tenez la ligne. ☞ *Ne quittez pas.*

tentatif adj. Une offre tentative. ☞ *provisoire*.

tenure n. m. Ce professeur a son tenure. ☞ C'est un professeur *titulaire*.

terme n. m. Il a été élu pour un deuxième terme. ☞ deuxième *mandat*. [le fr. st. accepte : Arriver au *terme* de son voyage; À long *terme*.]

test n. m. **1.** Avoir un test d'urine. ☞ *une analyse*... **2.** Test de l'ouïe. ☞ *Examen*... **3.** Réussir son driver's test. ☞ *Réussir son permis de conduire*. **4.** La maladie est un test pour l'homme. ☞ *une épreuve*... **5.** Un test en mathématiques. ☞ *Une évaluation*...

tester [tɛste] v. tr. **1.** Tester une nouvelle voiture. ☞ *Mettre à l'essai, Essayer*... **2.** Tester une nouvelle drogue. ☞ *Expérimenter*... **3.** Vouloir tester une personne. ☞ *Vouloir mettre une personne à l'épreuve*.

tête carrée loc. Cet homme-là, c'est une tête carrée. ☞ C'est un *homme borné*.

thé aux herbes n. m. ☞ *Tisane* f.

think tank n. m. Le président a réuni un think tank pour étudier ce problème. ☞ un *groupe d'experts*…

thrill n. m. **1.** Le thrill d'aller en avion pour la première fois. ☞ *L'excitation*... f. **2.** Ça été un vrai thrill lorsque je suis monté en voiture pour la première fois. ☞ *J'étais aux anges* lorsque...

thriller n. m. **1.** J'ai bien aimé lire ce thriller. ☞ *roman à mystères*. **2.** Au cinéma j'ai vu un excellent thriller. ☞ *film à sensations*.

thug n. m. Jack l'Éventreur était un vrai thug. ☞ une *vraie brute*.

thumbtack n. m. ou f. ☞ *Punaise* f.

thyme n. m. ☞ *Thym.*

ticket n. m. **1.** Avoir un ticket pour excès de vitesse. ☞ une *contravention*... **2.** Acheter un ticket pour le théâtre, de concert. ☞ un *billet*... [contrairement à la croyance, le mot *ticket* provient de l'ancien français *étiquette.* Il s'agit d'un billet de petit format. Ainsi le fr. st. accepte : un *ticket* d'autobus, un *ticket* de métro, un *ticket* d'entrée au musée.]

tidbit n. m. Tout en jouant au bridge, nous avons mangé des tidbits. ☞ des *friandises* f., des *amuse-gueule* m., des *bouchées* [*de*...] f.

tie 1. adj. La partie est presque tie. ☞ *égale.* **2.** n. f. Les ties de chemin de fer soutiennent les rails. ☞ *traverses*...

tight adj. **1.** C'est un homme tight. ☞ *peu généreux, avare.* **2.** C'est une partie qui est tight. ☞ *serrée.*

tighter [tajte] v. tr. Se tighter la ceinture. ☞ Se *serrer*...

tights n. m. Porter des tights. ☞ *collants.*

tiles n. f. Poser des tiles de marbre sur le plancher. ☞ *carreaux*... m.

till n. m. On a volé l'argent du till. ☞ *de la caisse.*

tilt n. m. Le tilt du billard électrique s'est allumé. ☞ *déclic*...

time [tsĭm] n. m. **1.** Un time de chevaux. ☞ Un *attelage, Une paire* de chevaux. **2.** Un time de hockey. ☞ *Une équipe*...

time sharing n. m. Je partage une résidence secondaire en time sharing. ☞ *Multipropriété* f., *Plan multi-location* m.

time zone n. m. Une carte des time zones. ☞ des *fuseaux horaires.*

time bomb n. m. ou f. ☞ *Bombe à retardement* f.

time-lag n. m. En arrivant d'Asie, il était épuisé par le time-lag. ☞ par le *décalage horaire*.

timer [tajmər] n. m. S'acheter un timer pour tenir compte du temps de la cuisson. ☞ un *minuteur*, un *sablier...*

timer [tajme] v. tr. Timer quelqu'un pour voir combien de temps ça lui prend. ☞ *Chronométrer...*

timetable n. m. Un timetable chargé. ☞ *Un horaire, Un emploi du temps...*

timing n. m. **1.** Le timing est bien important dans les acrobaties aériennes. ☞ *La synchronisation...* **2.** Le timing des comédiens a été excellent tout au long de la pièce. ☞ Le *rythme...* **3.** C'était un bon timing pour entrer en contact avec les commerçants de l'Alsace. ☞ *Ça ne pouvait pas tomber mieux* pour entrer en contact... **4.** Le timing pour partir en voyage était très mauvais. ☞ *Ça ne pouvait pas tomber plus mal* pour partir en voyage.

tip n. m. **1.** Au restaurant il faut laisser un tip. ☞ *pourboire.* **2.** Pour t'aider à répondre à cette devinette, je vais te donner un tip. ☞ *une suggestion*, un *tuyau* (fam.), un *conseil.*

tips [d'asperges] n. m. ☞ *Pointes* f.

tire [tajər] n. m. Les tires de voiture. ☞ *pneus...*

toast n. f. ☞ *Rôti* m. ©, *Pain grillé* m.

toaster [tostər] n. m. ☞ *Grille-pain.*

toboggan n. f. ou m. Les enfants aiment glisser en toboggan dans la neige. ☞ en *traîneau* m. [sans patins]...

toffee n. m. Nous avons du toffee délicieux. ☞ du *caramel* [*au beurre*]...

toilet bowl n. m. ☞ *Cuvette de toilettes* f.

toilette n. f. Aller à la toilette. ☞ Aller à la *salle de bains*, aller *aux toilettes*. [nous dirons également *faire sa toilette*]

token n. f. Je n'ai pas une token. ☞ *un jeton*.

toll-free adv. Pouvoir communiquer avec une entreprise toll-free. ☞ *gratuitement*.

tomboy n. m. Une fille qui est un vrai tomboy. ☞ *garçon manqué*, Une fille *d'allure garçonnière*.

tongue n. f. La tongue du tracteur. ☞ *Le triangle d'attelage, la flèche d'attelage, le timon...*

toothpaste n. f. ☞ *Pâte à dents*.

toothpick n. m. ☞ *Cure-dent*.

topping n. m. Le gâteau avait un topping de crème glacée. ☞ Le gâteau *était nappé* de crème glacée.

tordre le bras loc. [sens fig.] Je lui ai tordu le bras pour qu'il accepte de venir avec moi. ☞ Je lui ai *forcé la main...*

tornado n. f. ☞ *Tornade*.

tosser v. tr. On va tosser ma pièce pour savoir qui commence en premier. ☞ On va *tirer à pile ou face...*

touchdown [sport] n. m. L'équipe en est rendue à son premier touchdown. ☞ *touché* m.

touch-tone ® [téléphone] n. m. ☞ Téléphone *à clavier*.

touchy adj. 1. Un sujet très touchy. ☞ *délicat*. 2. Une personne touchy. ☞ *très sensible* dans son amour-propre, *qui se vexe facilement*.

tough adj. 1. Quelqu'un qui aime faire le tough. ☞ le *dur*. 2. Des jours qui sont toughs. ☞ *difficiles*. 3. Une étoffe qui est tough. ☞ *solide, résistante*. 4. Un homme tough. ☞ *robuste, dur* *à cuire.* **5.** Un criminel qui est tough. ☞ *endur-ci.* **6.** La viande est tough. ☞ La viande est *dure.* **7.** Être tough pour faire ce genre de travail. ☞ *solide...* **8.** Il se montre tough avec ses élèves. ☞ Il se montre *dur...* **9.** Le hockey est devenu un jeu tough. ☞ *rude.*

tougher v. intr. Devoir tougher dans les épreuves. ☞ *tenir bon, endurer...*

toune [tun] n. m. Voir **tune.**

tourner on v. tr. Tourner la télévision on. ☞ *Ouvrir, Allumer* la télévision.

tourner v. tr. ou intr. Tourner à une autre chaîne. ☞ *Choisir, Sélectionner* une autre chaîne.

tow truck n. m. ☞ *Dépanneuse* f. *Camion dépanneur, Camion de dépannage.*

tower [towe] v. tr. Faire tower sa voiture. ☞ *remorquer...*

township n. m. ☞ Division cadastrale correspondant à peu près à un *canton.*

track n. f. **1.** La track passait à travers le village. ☞ La *voie ferrée...* **2.** La voiture a laissé les tracks de ses pneus. ☞ *traces...* **3.** Il a fait des erreurs, mais il est maintenant sur la bonne track. ☞ la bonne *voie.*

trademark n. m. Un dessin qui est le trademark de la compagnie. ☞ *la marque de fabrique, de commerce...*

traffic **1.** n. m. Après le travail, il y a beaucoup de traffic dans les grandes avenues. ☞ *circulation...* f. **2.** [**traffic jam**] adj. À l'heure de pointe il y a toujours un traffic jam aux angles Portage et Main. ☞ un *embouteillage,* un *bouchon...* **3.** [**traffic lights**] La ville a installé des traffic lights aux angles des rues Bertrand et Des

Meurons. ☞ *des feux de signalisation, de circulation...* 4. adj. Traffic local seulement. ☞ *Accès réservé aux riverains.* [le fr. st. accepte : Le *trafic de drogues*].

trailer [tr e l ə r] n. m. Se promener avec un trailer. ☞ *une remorque, une caravane.*

traîner [trene] v. tr. Traîner son cheval pour la course. ☞ *Entraîner...*

traite n. m. 1. Vous entendre jouer de la musique a été une vraie traite. ☞ un *grand plaisir.* 2. [**payer la**] loc. C'est à mon tour de payer la traite. ☞ C'est *moi qui paie.*

transfert n. m. Demander pour un transfert d'autobus. ☞ *une correspondance...* [le fr. st. accepte : Le *transfert* des cendres, Le *transfert* des capitaux, etc.]

transformeur n. m. S'acheter un transformeur électrique. ☞ *transformateur...*

transportation n. f. La transportation des marchandises. ☞ *Le transport...* n. m.

trappe à feu n. f. Ce bâtiment est à haut risque d'incendie, c'est une véritable trappe à feu. ☞ *nid à feu* m.

trappe à souris n. f. ☞ *Souricière, Piège à souris.*

trapézoïde n. m. Dessiner un trapézoïde. ☞ *un trapèze.*

trash n. f. Aller jeter le trash au dépotoir. ☞ jeter *les ordures...*

travail à contrat n. m. ☞ Travail à *forfait.*

travailleur[euse] social[e] n. ☞ *Assistant* [*e*] *social* [*e*].

traveller's cheque n. m. ☞ *Chèque de voyage* m.

tray n. m. Déposer les verres sur le tray. ☞ *plateau.*

treadmill n. m. ☞ *Tapis roulant* [pour exercices].

trépasser v. intr. Ne pas trépasser sur le gazon. ☞ Ne pas *passer*, *marcher* sur le gazon. [le fr. st. accepte : Il a *trépassé* dans sa maison; il est décédé dans sa maison.]

trick n. m. **1.** Le magicien a plusieurs bons tricks. ☞ trucs **2.** Jouer un mauvais trick. ☞ *tour*. **3.** [jeu de cartes] Faires deux tricks. ☞ deux *levées* f.

trifle [trajfəl] n. m. Servir un trifle comme dessert. ☞ *diplomate*...

trimmer [trime] v. tr. **1.** Le coiffeur lui a trimmé les cheveux. ☞ *taillé*... **2.** Si tu veux venir avec moi, trimme-toi. ☞ *fais ta toilette*. **3.** Il est temps de trimmer les arbustes. ☞ *tailler*, *émonder*... **4.** Il va se faire trimmer par son père. ☞ *semoncer*, *dompter*... [le fr. st. accepte : pour réussir à l'université il faut *trimer* dur, travailler dur.]

trimmer [trĭmər] n. m. **1.** Se servir d'un trimmer pour tailler les bordures du gazon. ☞ Se servir d'un *coupe-bordure, d'un taille-bordures*... **2.** Se servir d'un trimmer pour tailler les arbustes. ☞ Se servir d'une *tailleuse de haie, d'un taille-haie*...

trimming n. m. On va nous servir de la dinde avec tout le trimming. ☞ *toute la garniture*.

trimpe n. m. ☞ *Vagabond, Clochard, Vaurien*.

trimper v. intr. Aimer trimper dans les rues le soir. ☞ *vagabonder, errer*...

tripod n. m. Avoir besoin d'un tripod pour la caméra. ☞ un *trépied*...

tripper v. tr. ou intr. **1.** Il a trippé son adversaire au hockey. ☞ Il a *fait trébucher*... **2.** Elle a trippé dans le tapis. ☞ Elle a *trébuché*...

trophée [tr o f e] n. m. ☞ [tr ɔ f e].

trouble n. m. **1.** Être dans le trouble avec la police. ☞ *Avoir des ennuis...* **2.** Ne nous préparez pas à souper. C'est trop de trouble! ☞ de *dérangement!* **3.** Attention! Il va te donner du trouble. ☞ Il va te donner du *fil à retordre.* **4.** J'ai du trouble avec mes yeux. ☞ J'ai *des problèmes...* [Le fr. st. accepte l'utilisation de l'adjectif *trouble* : De l'eau *trouble*, une image *trouble*; et du nom commun : profiter du *trouble*, de la confusion pour s'enfuir, semer le *trouble*, la discorde dans la classe, des *troubles* sanglants au Congo, cacher son *trouble*, *troubles* mentaux].

troublemaker n. f. ou m. ☞ *Fauteur[se] de troubles*, *Perturbateur[trice.]*

truck n. m. ☞ *Camion.*

truck driver n. m. ☞ *Camionneur.*

trunk n. m. Mettre les valises dans le trunk de la voiture. ☞ le *coffre...*

truster [tr ɔ s t e] v. tr. Truster un tel homme. ☞ *Avoir confiance en* un tel homme.

tub n. f. Laver le linge dans une tub. ☞ une *cuve*, *un baquet.*

tube n. m. Le tube de mon pneu est crevé. ☞ *La chambre à air* de mon pneu est crevée.

tug-of-war [jeu] n. m. Au festival, nous aurons un tug-of-war. ☞ un *tir à la corde.*

tuiles n. f. Faire revêtir de tuiles les murs de la salle de bain. ☞ *carreaux...* [le fr. st. accepte : Des *tuiles* pour le toit.]

tuna n. m. ☞ *Thon.*

tune [t j u n] **1.** n. f. Écouter une belle tune. ☞ *un bel air*, une belle *mélodie*, une belle *chanson.*

2. loc. Quand il a tout perdu son argent, il a changé de tune. ☞ il a changé *d'attitude*, de *comportement* m.

tune-up n. m. Ma voiture a besoin d'un tune-up. ☞ *d'une mise au point, d'un réglage.*

tuner [tjune] v. tr. Tuner une guitare. ☞ *Accorder…*

turnip n. m. Un champ de turnips. ☞ de *navets.*

turtleneck n. m. Porter un turtleneck. ☞ un *col roulé.*

tv n. f. abrév. ☞ *Télé* f.

tweed n. m. Elle s'est acheté un costume en tweed. ☞ un costume *de laine cardée.*

tweezers n. f. Se servir de tweezers pour dégager une écharde glissée sous la peau. ☞ *d'une fine pince…*

twister v. tr. **1.** Se twister la cheville. ☞ Se *tordre, Se fouler* la cheville. **2.** Twister ce qu'une personne a dit. ☞ *Déformer…* **3.** Twister le couvercle d'un bocal. ☞ *Dévisser, Tourner…* **4.** Twister du papier en boule. ☞ *Tirebouchonner du papier…* **5.** Twister la corde. ☞ *Entortiller, Tresser* la corde.

twoonie [**toonie**] n. m. Avoir trouvé un twoonie. ☞ Avoir trouvé [une pièce de] *deux dollars.*

typewriter n. m. ☞ *Machine à écrire* f.

U

UFO n. m. [acronyme : Unidentified flying object] ☞ *Ovni* [acronyme : Objet volant non identifié].

ultrasound scanner n. m. Pour son examen médical on a employé un ultrasound scanner. ☞ un *échographe*.

umpire [sport] n. m. L'umpire est juste. ☞ *L'arbitre...*

underdog n. m. Parmi les candidats, être considéré comme l'underdog. ☞ Considéré comme *celui que l'on donne perdant.*

underground [parking] n. m. Dans notre immeuble, il y a un underground parking. ☞ un *stationnement souterrain.*

underlay n. m. Il y a un underlay sous le tapis. ☞ *Une thibaude...*

underpass n. m. ☞ *Passage souterrain, Passage inférieur.*

undertaker n. m. ☞ *Entrepreneur des pompes funèbres, Directeur de funérailles.*

underwear n. m. Ses underwears sont tout neufs. ☞ Ses *sous-vêtements...*

underworld n. m. Le crime a été perpétré par le underworld. ☞ par *la pègre*, par *le monde interlope*.

unemployment benefits n. m. ☞ *Allocations* f., *Prestations de chômage* f.

union n. f. Il fait partie de l'union. ☞ *du syndicat* m.

unleaded gas n. m. ☞ *Essence sans plomb*.

UNO [acronyme : United Nations Organization] ☞ *ONU* [acronyme : Organisation des nations unies].

upholstery n. m. Vouloir renouveler l'upholstery du salon. ☞ le *tissu d'ameublement*...

U pick adj. C'est un champ de framboises réservé au U pick. ☞ réservé *à l'autocueillette*.

upright freezer n. m. ☞ *Congélateur armoire*.

user v. tr. User le téléphone pendant cinq minutes. ☞ *Se servir du*... [le fr. st. accepte : *User* de son influence pour qu'un projet réussisse.]

utilité n. f. Les utilités telles que l'eau et le gaz coûtent cher. ☞ Les *services publics*... m.

U-turn n. m. Défense de faire un U-turn. ☞ faire *demi-tour*.

V

vacuum-cleaner n. m. ☞ *Aspirateur.*

vacuumer v. tr. ou intr. ☞ *Passer l'aspirateur.*

valence n. f. La valence de cette fenêtre va bien avec les rideaux. ☞ La *cantonnière...*

valve n. f. ☞ *Soupape.*

van n. f. ou m. ☞ *Camionnette* f., *Fourgonnette* f.

veal cutlet n. m. On nous a servi des veal cutlets pour le dîner. ☞ des *escalopes de veau...* f.

veneer n. m. ☞ *Placage.*

vent [vɛnt] n. m. ☞ *Conduit [d'air].*

vente n. f. Linge en vente. ☞ en *solde* m.

vente de garage n. f. ☞ *Vente-débarras, Vente bric-à-brac.*

veste n. f. Il est de mise pour l'homme de porter une veste. ☞ un *gilet* [vêtement d'homme, court, sans manche, qui se porte par-dessus la chemise et sous le veston].

vice [vajs] [outil] n. m. ☞ *Étau.*

vice-principal [e] n. ☞ *Directeur adjoint, Directrice adjointe.*

video cassette recorder [VCR] n. m. ☞ *Magnétoscope.*

video tape n. m. ☞ *Cassette vidéo* f., *Vidéocassette* f.

viewing n. m. Il y aura viewing du corps dans l'après-midi. ☞ *Le corps sera exposé dans...*

VIP [acronyme pour : Very Important People]. **1.** VIP lounge. ☞ *Salon d'accueil.* **2.** Ce salon est réservé aux VIPS. ☞ aux *personnalités de marque.*

virage [en U] loc. Il est défendu de faire un virage en U. ☞ Il est défendu de faire *demi-tour.*

virtuel adj. Il a le monopole virtuel de la compagnie. ☞ le *quasi*-monopole... [le fr. st. accepte : Le marché *virtuel* d'un produit = possible.]

visionnement n. m. Il y a aura un visionnement du corps de la défunte demain. ☞ Il y aura une *exposition* du corps... [le fr. st. accepte : Le *visionnement* d'un film, d'une émission.]

visor n. m. Porter un visor pour jouer au hockey. ☞ *une visière...*

voice mail n. f. Mon téléphone est muni d'un voice mail, ce qui permet l'enregistrement et la réception de messages sonores. ☞ d'une *boîte vocale...*

voir v. tr. Je vois mon erreur. ☞ Je *comprends*, Je *m'aperçois de* mon erreur.

voteur n. m. Les voteurs n'auront pas de choix. ☞ Les *électeurs*, Les *votants*...

voucher n. m. On m'a donné un voucher pour aller prendre un repas à ce restaurant. ☞ un *bon d'échange*, un *coupon...*

W

waffle n. Nous avons mangé des waffles pour le déjeuner. ☞ des *gaufres*... f.

waguine n. f. Charger le grain par waguine. ☞ par *chariot* m.

waiter n. m. Le waiter du restaurant. ☞ Le *garçon*...

waiting list n. f. Il y a une longue waiting list pour pour obtenir un rendez-vous. ☞ une longue *liste d'attente*...

waitress n. f. ☞ *Serveuse.* [Pour appeler la personne qui nous sert, on dit simplement : *Mademoiselle, Madame* ou *Monsieur s'il vous plaît*]

walkie-talkie n. m. ☞ *Émetteur-récepteur portatif.*

walk-in clinic n. m ou f. ☞ Une *clinique sans rendez-vous.*

walk-in closet [ou **wardrobe**] n. m. ☞ *Penderie* f.

walker [pour invalides] n. m. ☞ *Ambulateur* m., *Marchette* [can.] f., *Cadre de marche* m.

walkman ® n. m. Se promener avec son walkman. ☞ son *baladeur.*

wallet n. m. ☞ *Portefeuille.*

wall outlet n. m. ☞ *Prise de courant* f.

wall socket n. m. ☞ *Prise électrique.*

wall-to-wall adv. On a recouvert le plancher wall-to-wall. ☞ On a recouvert le plancher *d'une moquette.*

walnut n. f. ☞ *Noix.*

ward n. m. Mon amie travaille au ward de maternité. ☞ travaille au *service* de maternité.

warehouse n. m. ☞ *Entrepôt.*

warning n. m. Avoir reçu un warning de conduire plus lentement. ☞ *avertissement...*

warrant n. m. 1. La police a un warrant d'arrêt. ☞ un *mandat d'arrestation.* 2. L'agent n'avait pas de search warrant. ☞ *mandat de perquisition.*

warranty n. m. On m'a offert un warranty d'un an pour le téléviseur. ☞ *une garantie...*

washboard n. m. Une route couverte de washboards. ☞ Une route *raboteuse.*

washer n. m. ☞ *Rondelle* f.

washroom n. Il n'y a pas de washroom dans ce magasin. ☞ pas de *toilettes...* f.

watchdog n. m. Le gouvernement a nommé un watchdog pour surveiller l'application des règlements. ☞ un *observateur officiel, un chien de garde...*

watcher v. tr. ou intr. 1. Il faut les watcher toute la journée. ☞ *surveiller...* 2. J'ai watché la partie à la télé. ☞ J'ai *regardé...*

waterbed n. m. ☞ *Lit d'eau.*

water tank n. f. ☞ *Chauffe-eau* m.

waterproof adj. 1. Cette montre est waterproof. ☞ *étanche.* 2. Cette étoffe est waterproof. ☞ *imperméable.*

waterskiing n. m. ☞ *Ski nautique.*

wavelength n. f. Nous ne sommes pas sur la même wavelength. ☞ la même *longueur d'onde.*

Web [inform.] n. m. Le Web nous permet de communiquer avec tout l'univers. ☞ L'*Internet* m., La *Toile* f. ©…

week-end n. m. Ils pourraient bombarder ce pays dès ce week-end. ☞ *cette fin de semaine* © f. [*Week-end* en fr. st. signifie le congé du samedi et dimanche. La locution fin de semaine peut, selon l'usage, désigner une période de congé débutant le jeudi ou le vendredi. Or, dans la phrase ci-dessus, il ne s'agit pas d'un congé, mais tout simplement de la période de temps de la semaine. Le fr. st. accepte donc : Nous irons passer le *week-end* chez des amis = le congé de fin de semaine.]

weird adj. ☞ *Bizarre, Étrange.*

welfare n. m. Une famille qui reçoit le welfare. ☞ *bien-être social.*

whatever adv. ☞ *Peu importe.*

wheelchair n. m. ☞ *Fauteuil roulant.*

whiplash n. m. Lors de l'accident j'ai eu un whiplash. ☞ un *coup du lapin* [*syndrome cervical traumatique.*]

whirlpool n. m. ☞ *Bain tourbillon.*

whisk n. m. et v. tr. ☞ *Fouet, Fouetter.*

white elephant n. m. L'aéroport de Mirabel n'est qu'un white elephant. ☞ un *gouffre financier.*

whitewash v. tr. ☞ *Blanchir à chaux.*

wholesale adv. Acheter ses vêtements wholesale. ☞ *en gros.*

whoopee! [excl.] ☞ *Youpi!*

wiener n. f. ☞ *Saucisse de Francfort.*

wild adj. Wild animal. ☞ *Animal sauvage.*

wildlife n. m. Être intéressé au wildlife. ☞ *à la faune sauvage.*

wild rose n. f. ☞ *Églantine.*

willing adj. Être willing d'aller avec son ami. ☞ Être *prêt à...*

windbreaker n. m. Porter un windbreaker. ☞ *blouson, coupe-vent.*

windchill factor n. m. Il fait très froid, car le windchill factor est très élevé. ☞ *facteur éolien de refroidissement...*

windmill n. m. Il y a d'énormes windmills à Saint-Léon. ☞ d'énormes *éoliennes...* f.

window-shopping n. m. ☞ *Lèche-vitrine* m.

windpipe n. m. ☞ *Trachée* n. f.

windshield n. m. Le windshield de la voiture est sale. ☞ Le *pare-brise...*

windsurfer n. m. ☞ *Planchiste.*

winterizer [wintərajze] v. tr. Aller faire winterizer sa voiture. ☞ *préparer sa voiture pour l'hiver.*

wipers n. m. pl. ☞ *Essuie-glace.*

wiretap v. tr. Wiretapper le bureau de telle personne. ☞ *Mettre en écoute, mettre sur table d'écoute, espionner...*

wisecrack n. f. ☞ *Remarque déplaisante.*

wise guy n. m. ☞ *Malin.*

wishbone n. m. Avoir le wishbone du poulet. ☞ *la fourchette...*

wishful thinking loc. C'est du wishful thinking. ☞ C'est *prendre ses désirs pour des réalités.*

whoo interj. ☞ *C'est assez! Ça va faire!*

word processor [inform.] n. m. ☞ *Traitement de*

texte = logiciel informatique qui permet la saisie, la mise en page, la révision et la correction de textes.

workaholic n. m. Un homme qui a le besoin de consacrer tout son temps au travail est un workaholic. ☞ un *bourreau de* travail.

workshop n. m. Avoir un workshop au sous-sol. ☞ un *atelier*...

wreck n. m. Sa voiture est un véritable wreck. ☞ une véritable *épave* f.

wrench n. m. Se servir d'un wrench pour serrer un boulon. ☞ d'*une clé anglaise*... f.

write-off adj. La compagnie d'assurances a dit que la voiture était un write-off. ☞ était *irréparable*.

xerox ® n. m. ☞ *Photocopieuse* f.

x-ray n. m. On a dû faire prendre un x-ray à cette dame. ☞ des *rayons x* m., une *radiographie...* f.

yarborough [jeu de bridge] n. m. ☞ *Jeu blanc.*

yard sale n. f. ☞ *Vente d'objets usagés.*

yearbook n. m. Les élèves sont fiers de leur yearbook. ☞ leur *album de finissants.*

yeast n. m. ☞ *Levure* f.

yes man n. m. Nous ne voulons pas l'avoir au sein de notre comité. Il n'est qu'un yes man. ☞ un *béni-oui-oui,* un *courbeur d'échine,* une *marionnette,* un *poids mort.*

Z

zest n. m. C'est une fille qui a beaucoup de zest.
☞ beaucoup *d'entrain.*

zip code n. m. ☞ *Code postal.*

zipper n. m. ☞ *Fermeture éclair* f.

zoo [z u] n. m. ☞ Zoo [z(o)o].

zoologie [z u ɔ l ɔ ʒ i] n. f. ☞ Zoologie [z ɔ ɔ l ɔ ʒ i].

zucchini n. m. On se sert d'un zucchini pour faire
le gâteau. ☞ d'une *courgette...* f.

Bibliographie

Dictionnaire Robert et Collins Senior. Harper Collins, 1998.

Grand dictionnaire terminologique. Office québécois de la langue française. www.granddictionnaire.com, 2006.

Harrap's Shorter - Dictionnaire anglais-français, français-anglais. Harrap, 2004.

Harrap's standard French and English dictionary. Harrap, 1972.

Le petit Robert. Le Robert, 2005.

Le Québécois pour mieux voyager. Ulysse, 1999.

Archambault, Ariane et Jean-Claude Corbeil. *Dictionnaire visuel.* Québec Amérique, 1986.

Béguin, Louis-Paul. *Problèmes de la langue du Québec et ailleurs.* Éd. de l'Aurore, 1978.

Bélisle, Louis. A. *Dictionnaire nord-américain de la langue française.* Beauchemin, 1979.

Bergeron, Léandre. *Le Dictionnaire de la langue québécoise.* Typo, 1997.

Bertrand, Guy. *400 Capsules linguistiques.* Lanctôt, 1999.

Bureau de la traduction. *Termium plus ®, la base de données terminologiques et linguistiques du gouvernement du Canada,* www.termium.com, 2005.

Darbelnet, Jean. *Dictionnaire des particularités de l'usage.* Presses de l'Université du Québec, 1986.

Depcker, Loïc. *Les mots de la francophonie*. Belin, 1988.

Desruisseaux, Pierre. *Dictionnaire des expressions québécoises*. Bibliothèque Québécoise, 1990.

De Villers, Marie-Éva. *Multi dictionnaire de la langue française*, Québec Amérique, 1997.

Dionne, Narcisse-Eutrope. *Le parler populaire des Canadiens-français*. Presses de l'Université Laval, 1974.

Forest, Constance et Denise Boudreau. *Le Colpron : dictionnaire des anglicismes*. Beauchemin, 1999.

Forest, Jean. *Anatomie du québécois*. Triptyque, 1996.

Gilliot, Geneviève. *Ce que parler veut dire*. Leméac, 1974.

Hébert, Pierre. *Répertoire d'anglicismes*. Guérin, 1983.

Lafleur, Bruno. *Dictionnaire des locutions idiomatiques françaises*. Édition du renouveau pédagogique, 1991.

Pellerin, Jean. *Pour l'amour de la langue française au Québec et au Canada*. Guérin, 1998.

Rey, Alain et Sophie Chartreau. *Dictionnaire des expressions et locutions*, Éd. Le Robert, 1993.

Robinson, Sinclair et Donald Smith. *Manuel pratique du français québécois et acadien*, Anansi, 1984.

Société du parler français au Canada (La). *Glossaire du parler français au Canada*, Les presses de l'Université Laval, 1968.